저자 **김수진**

쉽고 빠르게

かるがる

카루가루
일본어

1

PAGODA Books

쉽고 빠르게

かるがる
카루가루
일본어

초판 1쇄 인쇄 2024년 9월 1일
초판 1쇄 발행 2024년 9월 10일

지 은 이 | 파고다교육그룹 언어교육연구소
펴 낸 이 | 박경실
펴 낸 곳 | **PAGODA Books** 파고다북스
출판등록 | 2005년 5월 27일 제 300-2005-90호
주   소 | 06614 서울특별시 서초구 강남대로 419, 19층(서초동, 파고다타워)
전   화 | (02) 6940-4070
팩   스 | (02) 536-0660
홈페이지 | www.pagodabook.com

저작권자 | ⓒ 2024 김수진

ISBN 978-89-6281-923-6 (13730)

파고다북스   www.pagodabook.com
파고다 어학원   www.pagoda21.com
파고다 인강   www.pagodastar.com
테스트 클리닉   www.testclinic.com

▌낙장 및 파본은 구매처에서 교환해 드립니다.

한국인에게 있어서 일본어는 처음에 요령만 제대로 파악하면 빨리 익히고 바로 사용하기도 쉬운 언어입니다.

그런데, 요령을 찾기도 전에 일본어를 어렵다고 오해하며 아깝게 시간을 보내고 있지는 않나요?

이 책은 일본어의 요령을 파악하기도 전에 끝나버리는 만년 초급의 패턴에 빠지지 않기 위해, 가장 중요한 기초를 심플하게 이해하고, 실제로 심플하게 사용해 본 후, 혼자서도 응용하기 쉽게 만들었으며, 일본어의 인풋과 아웃풋의 밸런스에 중점을 두었습니다.

이 책을 통해, 공부만 하는 일본어에서 벗어나 상황에 맞춰 실제로 사용해 보고 말해보는 기쁨을 느낄 수 있기를 바랍니다.

끝으로 이 책을 출간하기까지 많은 분들의 도움이 있었습니다.

항상 지지와 격려를 아끼지 않으시는 박경실 회장님, Pagoda Books의 든든한 최은혜 매니저님과 출판사 여러분들, 감수로 수고해 주신 파고다 학원의 일본어과 선생님들과 김유진 선생님께도 감사드립니다.

저자 **김수진**

かるがる(카루가루)는 '**가뿐히, 거뜬히, 간단히**'를 뜻하는 일본어입니다.

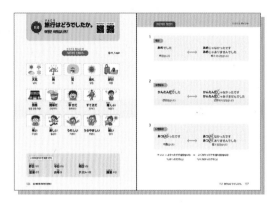

카루가루 단어

각 과에서 학습할 주요 단어입니다.
더욱 기억하기 쉽도록 생생한 그림과 함께 제시했습니다.

카루가루 포인트

기초 일본어를 마스터하기 위해
꼭 알아둬야 할 문법/문형을 정리했습니다.

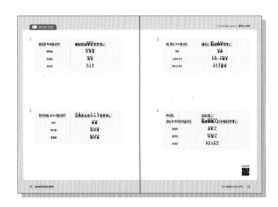

카루가루 연습 1

단어를 교체하며 주요 패턴을 연습합니다.
직관적이고 간단한 반복 연습을 통해 문장으로 말하기를
훈련해 봅시다. 반복 쉐도잉 음원을 활용하면 더 좋습니다.

카루가루 연습 2

연습 1에서 한 단계 더 확장해보는 연습입니다.
예시 대화를 참고하여 말해 보세요. 주어진 정보를 바탕으로
문장을 만들며 실전 같이 대화를 이어가는 감각을 익힙니다.

어려운 문제를 간단히 풀어내고, 무거운 짐을 가뿐히 들어 올리는 모습을 상상해 보세요.
여러분도 일본어 기초를 쉽고 빠르게, 가뿐하게 마스터할 수 있습니다!

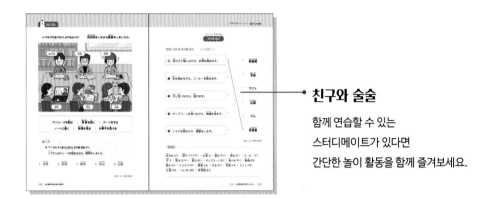

친구와 술술

함께 연습할 수 있는
스터디메이트가 있다면
간단한 놀이 활동을 함께 즐겨보세요.

술술 연습

연습 1, 2를 거쳐 주요 문형 말하기가 익숙해졌다면, 한층 더 통합적인 회화 스킬을 다져볼 기회입니다. 앞에서 익힌 단어와 문형을 사용해 일본어로 술술~ 말해 보세요.

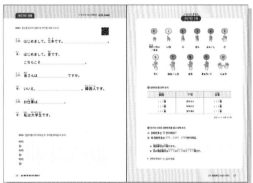

카루가루 본문

앞에서 연습한 내용들이 실생활에서 어떻게 적용되는지
회화 본문을 통해 확인해 보세요.
본문의 주제와 관련된 짤막한 이야기가 더해져서
일본어 공부가 더욱 흥미로워집니다.

카루가루 청해 & 카루가루 숫자

본문을 학습한 후에는 음원을 들으며 빈칸을 채워 써 봅니다.
귀가 트임과 동시에 각 과를 알차게 복습할 수 있습니다.
마지막으로 숫자/조수사 암기의 어려움을 날려버리고,
재미있게 접근할 수 있도록 숫자 활동을 구성했습니다.

1코스

📝 부가 학습자료 활용하기!

01 학습 플랜

시작이 반이다! 구체적인 목표 설정

일본인 친구 사귀기, 자막 없이 드라마 보기 등 일본어를 배워서 무엇을 하고 싶은지 구체적인 목표를 설정해 보세요. 그리고 목표 달성을 위해 적절한 학습 계획을 세워 보세요. 10쪽에 수록된 권장 플랜에 따라도 좋고, 자신의 여건에 맞게 설정해도 좋아요.

02 가나 쓰기 노트

천 리 길도 한 걸음부터! 글자 익히기

별책 부록인 '가나쓰기노트'를 이용해서 일본어 글자 쓰기를 연습해 보세요. 원어민의 발음을 들으면서 획순에 맞게 한 글자씩 써 보는 것만으로도 글자 익히기에 효과적입니다.

03 원어민 음성

기본 음원과 훈련 음원으로 귀와 입 트이기!

각 과의 음원 QR 코드를 스캔하면 순서대로 재생되며, 홈페이지에서는 개별음원도 다운로드할 수 있습니다. 특히, '카루가루 연습 1'의 쉐도잉 훈련을 따라 말하면서 주요 문형을 완전히 내 것으로 만들어 보세요.

MP3 다운로드

04 무료 포인트 강의

저자 직강으로 포인트만 쏙쏙!

저자가 핵심만 골라 설명해 드려요. 각 과의 첫 페이지에 있는 영상 QR 코드를 스캔해 보세요. 공부를 시작하기에 앞서 요점을 짚어 보고, 본격적인 학습에 들어갑니다.

유튜브 채널

* 유료 온라인 강의 수강을 희망하시는 분들은 할인권을 이용해 보세요.

05 독학용 풀이집

혼자서 공부해도 걱정 없이!

독학으로 공부하는데, 체계적으로 배워보고 싶은 분들도 어서 오세요. 친절하고 명쾌한 설명이 담긴 풀이집을 무료로 제공합니다. 간단한 TEST도 수록되어 있으니, 복습을 겸해 배운 내용을 점검해 보세요.

풀이집 PDF

06 단어장

어휘력 향상은 외국어 학습의 근본!

각 과의 학습을 시작하기 전에, 혹은 학습을 마친 후에 단어장을 이용해 예습·복습해 보세요. 기초 일본어에서 필수로 알아둬야 할 단어들을 엄선하여 책을 구성했습니다.

단어장 PDF

07 단어시험지 자동 생성기

외워둔 단어는 수시로 테스트!

홈페이지에서 무료로 이용할 수 있어요. 테스트하려는 범위와 문항 수를 직접 설정하고 '단어시험지 생성'을 클릭하면 완성! 횟수 제한 없이, 암기한 단어를 언제든지 마음껏 점검해 보세요.

시험지 생성기

08 강의용 프레젠테이션

선생님들을 위한 수업자료!

교재 내용과 음원을 담은 강의용 교안 PPT 파일을 이용해 더욱 간편하게 수업을 준비해 보세요. 파고다북스 홈페이지에서 무료로 다운로드할 수 있습니다.

교재 PPT

* 권장 학습 플랜　　* 나의 학습 플랜

DAY 01	____월 ____일	**p. 12~27** ☐ 히라가나 특강 ☐ 반탁음·탁음·요음	☐ 청음 ☐ 촉음·발음·장음	p. _____
DAY 02	____월 ____일	**p. 12~29 (+ 가나 쓰기 노트)** ☐ 인사말 ☐ 별책 히라가나 쓰기 연습	☐ 1과 복습	p. _____
DAY 03	____월 ____일	**p. 30~41** ☐ 포인트 강의 ☐ self 단어 시험	☐ 쉐도잉 훈련 ☐ 독학용 풀이집	p. _____
DAY 04	____월 ____일	**p. 42~53** ☐ 포인트 강의 ☐ self 단어 시험	☐ 쉐도잉 훈련 ☐ 독학용 풀이집	p. _____
DAY 05	____월 ____일	**p. 54~65** ☐ 포인트 강의 ☐ self 단어 시험	☐ 쉐도잉 훈련 ☐ 독학용 풀이집	p. _____
DAY 06	____월 ____일	**p. 66~77** ☐ 포인트 강의 ☐ self 단어 시험	☐ 쉐도잉 훈련 ☐ 독학용 풀이집	p. _____
DAY 07	____월 ____일	**p. 78~89** ☐ 포인트 강의 ☐ self 단어 시험	☐ 쉐도잉 훈련 ☐ 독학용 풀이집	p. _____
DAY 08	____월 ____일	**p. 90~103** ☐ 포인트 강의 ☐ self 단어 시험	☐ 쉐도잉 훈련 ☐ 독학용 풀이집	p. _____
DAY 09	____월 ____일	**p. 104~109** ☐ 가타카나 특강 ☐ 가타카나 예외 읽기	☐ 가타카나	p. _____
DAY 10	____월 ____일	**p. 104~111 (+ 가나 쓰기 노트)** ☐ 8과 복습 ☐ 별책 가타카나 쓰기 연습	☐ 가타카나 미니테스트	p. _____

DAY 11	_____월 _____일	**p. 30~103** ☐ 2~7과 복습 ☐ 독학용 풀이집 test ☐ self 단어 시험

p. _____

DAY 12	_____월 _____일	**p. 112~125** ☐ 포인트 강의 ☐ 쉐도잉 훈련 ☐ self 단어 시험 ☐ 독학용 풀이집

p. _____

DAY 13	_____월 _____일	**p. 126~135** ☐ 포인트 강의 ☐ 쉐도잉 훈련 ☐ self 단어 시험 ☐ 녹학용 풀이집

p. _____

DAY 14	_____월 _____일	**p. 136~147** ☐ 포인트 강의 ☐ 쉐도잉 훈련 ☐ self 단어 시험 ☐ 독학용 풀이집

p. _____

DAY 15	_____월 _____일	**p. 148~161** ☐ 포인트 강의 ☐ 쉐도잉 훈련 ☐ self 단어 시험 ☐ 독학용 풀이집

p. _____

DAY 16	_____월 _____일	**p. 162~173** ☐ 포인트 강의 ☐ 쉐도잉 훈련 ☐ self 단어 시험 ☐ 독학용 풀이집

p. _____

DAY 17	_____월 _____일	**p. 174~185** ☐ 포인트 강의 ☐ 쉐도잉 훈련 ☐ self 단어 시험 ☐ 독학용 풀이집

p. _____

DAY 18	_____월 _____일	**p. 186~197** ☐ 포인트 강의 ☐ 쉐도잉 훈련 ☐ self 단어 시험 ☐ 독학용 풀이집

p. _____

DAY 19	_____월 _____일	**p. 198~209** ☐ 포인트 강의 ☐ 쉐도잉 훈련 ☐ self 단어 시험 ☐ 독학용 풀이집

p. _____

DAY 20	_____월 _____일	**p. 112~209** ☐ 9~16과 복습 ☐ 독학용 풀이집 test ☐ self 단어 시험

p. _____

ひらがな

히라가나

일본어의 문자에는 히라가나, 가타카나, 한자가 있어요.
우선 기본 문자인 히라가나 50음도(청음)부터 익혀 볼까요.

히라가나 50음도

🎧 01_1.mp3

	あ단	い단	う단	え단	お단
あ행	あ 아	い 이	う 우	え 에	お 오
か행	か 카	き 키	く 쿠	け 케	こ 코
さ행	さ 사	し 시	す 스	せ 세	そ 소
た행	た 타	ち 치	つ 츠	て 테	と 토
な행	な 나	に 니	ぬ 누	ね 네	の 노
は행	は 하	ひ 히	ふ 후	へ 헤	ほ 호
ま행	ま 마	み 미	む 무	め 메	も 모
や행	や 야		ゆ 유		よ 요
ら행	ら 라	り 리	る 루	れ 레	ろ 로
わ행	わ 와				を 오
	ん 응				

⭐ 두 줄(あ행, か행) 외우기!

あ [a] 아	い [i] 이	う [u] 우	え [e] 에	お [o] 오

▶ 유일한 모음 5개.

か [ka] 카	き [ki] 키	く [ku] 쿠	け [ke] 케	こ [ko] 코

▶ 단어의 첫 글자일때는 [카키쿠케코]와 [가기구게고]의 중간 발음. 첫 글자가 아닐 때는 [까끼꾸께꼬]에 가까운 된발음.

예 얼굴 かお [카오]　　　　　　　　예 쓰다 かく [카꾸]

⭐ 뒤죽박죽 히라가나를 한 줄씩 읽어 보세요.

う	え	あ	か	い
か	あ	え	き	お
く	お	い	あ	き
き	い	け	こ	う
こ	い	お	え	あ

⭐ 단어를 읽어 보세요.

❶ 위　　　　❷ 역　　　　❸ 빨갛다　　　❹ 파랗다　　　❺ 여기
うえ　　　　えき　　　　あかい　　　　あおい　　　　ここ

⭐ 두 줄(さ행, た행) 외우기!

さ [sa] 사	し [si] 시	す [su] 스	せ [se] 세	そ [so] 소

▶ す는 [수]와 [스]의 중간 발음이지만 [스]에 더 가까운 발음.

た [ta] 타	ち [chi] 치	つ [tsu] 츠/쓰	て [te] 테	と [to] 토

▶ たてと가 단어의 첫 글자일 때는 [타테토]와 [다데도]의 중간 발음.
  첫 글자가 아닐 때는 [타치츠테토] 대신 [따찌쯔떼또]에 가까운 된발음.

⭐ 히라가나를 비교하며 써 보세요.

[키] _____   [사] _____   [치] _____

[이] _____   [코] _____   [타] _____

[우] _____   [츠] _____   [치] _____

정답 ▶▶▶ 부록 212쪽

⭐ 단어를 읽어 보세요.

❶ 우산
かさ

❷ 초밥
すし

❸ 집
うち

❹ 구두
くつ

❺ 책상
つくえ

⭐ 두 줄(な행, は행) 외우기!

な [na] 나	に [ni] 니	ぬ [nu] 누	ね [ne] 네	の [no] 노

▶ ぬ는 [누]와 [느]의 중간 발음.

は [ha] 하	ひ [hi] 히	ふ [hu] 후	へ [he] 헤	ほ [ho] 호

⭐ 단어를 읽어 보세요.

❶ 꽃	❷ 생선	❸ 고기	❹ 고양이	❺ 개
はな	さかな	にく	ねこ	いぬ

당신은 생선파? 고기파?
さかなは？ にくは？

당신은 고양이파? 강아지파?
ねこは？ いぬは？

⭐ 두 줄(ま행, や행) 외우기!

ま [ma] 마	み [mi] 미	む [mu] 무	め [me] 메	も [mo] 모
や [ya] 야		ゆ [yu] 유		よ [yo] 요

▶ 반모음.

⭐ 히라가나를 비교하며 써 보세요.

[하] _____ [호] _____ [마] _____

[메] _____ [누] _____

[모] _____ [시] _____   정답 ▶▶▶ 부록 212쪽

⭐ 단어를 읽어 보세요.

❶ 별　　　　❷ 젓가락　　　❸ 벌레　　　❹ 꼬치구이　　❺ 여보세요

ほし　　　　はし　　　　むし　　　　くしやき　　もしもし

⭐ 두 줄(ら행, わ행) 외우기!

ら [ra] 라	り [ri] 리	る [ru] 루	れ [re] 레	ろ [ro] 로
わ [wa] 와		を [wo] 오		ん [n] 응

▶ を는 '~을/~를'의 목적격 조사로만 사용.

▶ ん은 뒤에 오는 글자에 따라서 ㄴ받침, ㅁ받침, ㅇ받침, ㄴ과 ㅇ의 중간 받침으로 발음.

⭐ 히라가나를 비교하며 써 보세요.

[네] _____   [레] _____   [와] _____

정답 ▶▶▶ 부록 212쪽

⭐ 단어를 읽어 보세요.

> 히라가나 50음도 끝!

❶ 벚꽃
さくら

❷ 자동차
くるま

❸ 하양
しろ

❹ 검정
くろ

❺ 동그라미
まる

🔊 01_7.mp3

⭐ 올바른 발음을 듣고, 틀린 히라가나를 고쳐 보세요.

예

고양이 [네꼬]

わこ → <u>ねこ</u>

❶

책 [홍]

はん → _____

❷

역 [에끼]

えさ → _____

❸

개 [이누]

いめ → _____

❹

자동차 [쿠루마]

くろま → _____

❺

역사 [레끼시]

わきし → _____

정답 ▶▶▶ 부록 212쪽

일본어 자판 입력하기

일본어는 보통 알파벳으로 키보드 자판을 입력해요.
히라가나를 익힌 후에 일본어로 자판도 한번 입력해 보세요!

예 사랑해! [아이시테루] a i s i t e r u → あいしてる

あ a	い i	う u	え e	お o
か ka	き ki	く ku	け ke	こ ko
さ sa	し si	す su	せ se	そ so
た ta	ち ti	つ tu	て te	と to
な na	に ni	ぬ nu	ね ne	の no
は ha	ひ hi	ふ hu	へ he	ほ ho
ま ma	み mi	む mu	め me	も mo
や ya		ゆ yu		よ yo
ら ra	り ri	る ru	れ re	ろ ro
わ wa				を wo
ん nn				

- 히라가나의 오른쪽 위에 탁점(゛). 성대 안쪽을 눌러 탁하게 발음.

が [ga] 가	ぎ [gi] 기	ぐ [gu] 구	げ [ge] 게	ご [go] 고
ざ [za] 자	じ [ji] 지	ず [zu] 스	ぜ [ze] 제	ぞ [zo] 조

▶ [ㅈ]과 [Z]의 중간 발음. 단, じ는 [ㅈ]에 더 가까운 발음.

⭐ 단어를 읽어 보세요.

❶ 열쇠 かぎ	❷ 가구 かぐ	❸ 밥 ごはん	❹ 술집 いざかや	❺ 가족 かぞく

だ [da] 다	ぢ [ji] 지	づ [zu] 스	で [de] 데	ど [do] 도

▶ じ와 ぢ, ず와 づ가 같은 발음.

ば [ba] 바	び [bi] 비	ぶ [bu] 부	べ [be] 베	ぼ [bo] 보

⭐ 단어를 읽어 보세요.

본인을 가리킬 때는 두 번째 손가락으로
본인의 코를 가리키는 것이 일본 스타일.

❶ 과일 くだもの	❷ 전화 でんわ	❸ 어린이 こども	❹ 불꽃놀이 はなび	❺ 나 ぼく

• 히라가나의 오른쪽 위에 반탁점(˚). [ㅍ]과 [ㅃ]의 중간 발음.

ぱ [pa] 파	ぴ [pi] 피	ぷ [pu] 푸	ぺ [pe] 페	ぽ [po] 포

▶ 단어의 첫 글자일 때는 [파피푸페포]에 가까운 발음. 첫 글자가 아닐 때는 [빠삐뿌뻬뽀]에 가까운 된발음.

　예 따끈따끈 ぽかぽか [포까뽀까]

⭐ 청음 → 탁음 → 반탁음 순서에 맞춰 점을 이어 보세요.

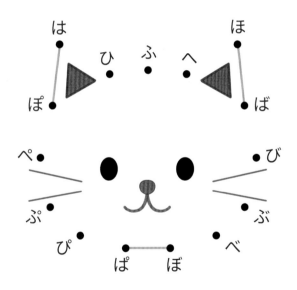

정답 ▶▶▶ 부록 212쪽

⭐ 단어를 읽어 보세요.

❶ 덥석덥석　　❷ 번쩍번쩍　　❸ 포동포동　　❹ 날름날름　　❺ (물방울) 똑똑
　ぱくぱく　　　ぴかぴか　　　ぷりぷり　　　ぺろぺろ　　　ぽとぽと

• [い]단 자음의 글자 뒤에 や、ゆ、よ를 작게 써서 함께 발음.

한 칸을 4등분으로　　　　2분의 1 크기로 앞부분에 き　　　　4분의 1 크기로 뒷부분에 や

きゃ [kya] 캬	きゅ [kyu] 큐	きょ [kyo] 쿄

囫 손님 **きゃく**

しゃ [sya] 샤	しゅ [syu] 슈	しょ [syo] 쇼

囫 가수 **かしゅ**

ちゃ [cha] 챠	ちゅ [chu] 츄	ちょ [cho] 쵸

囫 착륙 **ちゃくりく**

にゃ [nya] 냐	にゅ [nyu] 뉴	にょ [nyo] 뇨

囫 입사 **にゅうしゃ**

ひゃ [hya] 햐	ひゅ [hyu] 휴	ひょ [hyo] 효

囫 백(100) **ひゃく**

みゃ [mya] 먀	みゅ [myu] 뮤	みょ [myo] 묘

囫 성씨 **みょうじ**

りゃ [rya] 랴	りゅ [ryu] 류	りょ [ryo] 료

囫 무료 **むりょう**

ぎゃ [gya] 갸	ぎゅ [gyu] 규	ぎょ [gyo] 교	びゃ [bya] 뱌	びゅ [byu] 뷰	びょ [byo] 뵤

예 소고기 **ぎゅうにく**　　　　예 병원 **びょういん**

じゃ [ja] 쟈	じゅ [ju] 쥬	じょ [jo] 죠	ぴゃ [pya] 퍄	ぴゅ [pyu] 퓨	ぴょ [pyo] 표

예 준비 **じゅんび**　　　　예 쌩쌩(세찬 바람소리) **ぴゅうぴゅう**

⭐ 알맞은 단어를 찾아 선을 긋고 ⬜ 칸에 요음을 써넣어 보세요.

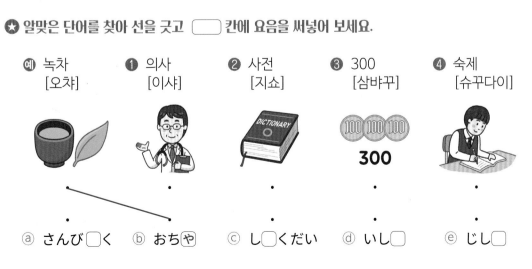

예 녹차
[오챠]　　❶ 의사
[이샤]　　❷ 사전
[지쇼]　　❸ 300
[삼뱌꾸]　　❹ 숙제
[슈꾸다이]

ⓐ さんび⬜く　　ⓑ おち⟨や⟩　　ⓒ し⬜くだい　　ⓓ いし⬜　　ⓔ じし⬜

정답 ▶▶▶ 부록 212쪽

- ん은 우리말의 ㄴ, ㅁ, ㅇ, ㄴ과 ㅇ의 중간 받침처럼 사용.
- 받침처럼 사용하지만, 우리말과는 다르게 한 박자로 발음.
- 뒤에 오는 글자에 따라서 발음이 변화.

① ん + [ま] [ば] [ぱ]행 → ㅁ받침

꽁치　さんま [삼마]
진짜　ほんもの [홈모노]

② ん + [さ] [ざ] [た] [だ] [な] [ら]행 → ㄴ받침

간단　かんたん [칸딴]
안내　あんない [안나이]

③ ん + [か] [が]행 → ㅇ받침

날씨　てんき [텡끼]
한국　かんこく [캉꼬꾸]

④ 단어의 끝(~ん) / ん + [あ] [は] [や] [わ]행 → ㄴ과 ㅇ의 중간 받침

미안해요　すみません [스미마세~ㄴㅇ]
전화　でんわ [데~ㄴㅇ와]

촉음 (っ)

- 작은 っ는 우리말의 ㄱ, ㅅ, ㄷ, ㅂ 받침처럼 사용.
- 받침처럼 사용하지만, 우리말과는 다르게 한 박자로 발음.
- 뒤에 오는 글자의 자음이 앞 발음의 받침.

① っ + [か]행 → ㄱ받침

일기 にっき [니끼]X [닉끼]O

② っ + [さ]행 → ㅅ받침

깔끔하게 あっさり [아사리]X [앗사리]O

③ っ + [た]행 → ㄷ받침

기다려 まって [마떼]X [맏떼]O

④ っ + [ぱ]행 → ㅂ받침

가득 いっぱい [이빠이]X [입빠이]O

⭐ 문장을 읽어 보세요.

❶ 잠깐만 기다려.

ちょっとまって。

❷ 다녀오겠습니다.

いってきます。

❸ 다녀오세요.

いってらっしゃい。

- 같은 모음이 두 번 반복될 때 길게 발음.
- 자연스러운 발음을 위해 존재하는 공식.

① [あ]단 + あ

엄마 おかあさん [오까아상]X [오까-상]O

② [い]단 + い

귀여워 かわいい [카와이이]X [카와이-]O

③ [う]단 + う

공기 くうき [쿠우끼]X [쿠-끼]O

④ [え]단 + え 또는 い

언니 おねえさん [오네에상]X [오네-상]O
시계 とけい [토께이]X [토께-]O

⑤ [お]단 + お 또는 う

오사카(지명) おおさか [오오사까]X [오-사까]O
도시락 べんとう [벤또우]X [벤또-]O

〈아침〉

A: 안녕하세요.

おはようございます。

B: 안녕하세요.

おはようございます。

〈점심〉

A: 안녕하세요.

こんにちは。

B: 안녕하세요.

こんにちは。

〈저녁〉

A: 안녕하세요.

こんばんは。

B: 안녕하세요.

こんばんは。

▶ 〈점심〉〈저녁〉 인사에서 「は」는 [하]로 쓰고 [와]로 발음해요.

〈감사〉

A: 감사해요.

ありがとうございます。

B: 아녜요.

いいえ。

〈사과〉

A: 미안해요.

すみません。

B: 괜찮아요.

だいじょうぶです。

〈권유〉

A: 자, 여기요.

どうぞ。

B: 감사해요.

ありがとうございます。

▶ すみません 대신 ごめんなさい (가벼운 표현)도 가능해요.

〈작별〉

A: 잘 가요.

さよ(う)なら。

B: 잘 가요.

さよ(う)なら。

〈수업 끝날 때〉

선생님: 여러분, 수고하셨어요.

みなさん、おつかれさまでした。

학　생: 감사했습니다.

ありがとうございました。

▶ 「さよ(う)なら」는 수업 후에 헤어질 때, 또는 기약 없이 헤어질 때 사용해요.

일반적으로 헤어질 때는 「また、あした」「じゃ、また」를 사용해요.

〈자기소개〉

A: 처음 뵙겠습니다. 00입니다. 잘 부탁드려요.

はじめまして。00です。よろしくおねがいします。

B: 처음 뵙겠습니다. 00입니다. 저야말로 잘 부탁드려요.

はじめまして。00です。こちらこそよろしくおねがいします。

<ruby>会社員<rt>かいしゃいん</rt></ruby>じゃないです。

회사원이 아닙니다.

 2과 포인트강의   2과 음원 듣기

かるがる たんご 15
카루가루 단어 15

🎧 02_1.mp3

・(お)しごと 일・직업

<ruby>学生<rt>がくせい</rt></ruby>
학생

<ruby>大学生<rt>だいがくせい</rt></ruby>
대학생

<ruby>先生<rt>せんせい</rt></ruby>
선생님

シェフ
요리사

<ruby>主婦<rt>しゅふ</rt></ruby>
주부

<ruby>会社員<rt>かいしゃいん</rt></ruby>
회사원

<ruby>銀行員<rt>ぎんこういん</rt></ruby>
은행원

<ruby>医者<rt>いしゃ</rt></ruby>
의사

<ruby>歌手<rt>かしゅ</rt></ruby>
가수

スポーツ<ruby>選手<rt>せんしゅ</rt></ruby>
스포츠 선수

・(お)くに 나라・고국

<ruby>韓国<rt>かんこく</rt></ruby>(<ruby>人<rt>じん</rt></ruby>)
한국(인)

<ruby>中国<rt>ちゅうごく</rt></ruby>(<ruby>人<rt>じん</rt></ruby>)
중국(인)

<ruby>日本<rt>にほん</rt></ruby>(<ruby>人<rt>じん</rt></ruby>)
일본(인)

<ruby>韓国語<rt>かんこくご</rt></ruby>
한국어

<ruby>日本語<rt>にほんご</rt></ruby>
일본어

나라 이름 ＋ <ruby>人<rt>じん</rt></ruby> ～인
<ruby>ベトナム人<rt>べとなむじん</rt></ruby> 베트남인　<ruby>ドイツ人<rt>どいつじん</rt></ruby> 독일인
<ruby>アメリカ人<rt>あめりかじん</rt></ruby> 미국인　<ruby>イギリス人<rt>いぎりすじん</rt></ruby> 영국인

나라 이름 ＋ <ruby>語<rt>ご</rt></ruby> ～어
<ruby>ベトナム語<rt>べとなむご</rt></ruby> 베트남어　<ruby>ドイツ語<rt>どいつご</rt></ruby> 독일어
(단, 영어는 <ruby>英語<rt>えいご</rt></ruby>)

카루가루 포인트

1

がくせい 학생	**がくせいじゃない** 학생이 아니야
↓	↓
がくせいです 학생입니다	**がくせいじゃないです**
	がくせいじゃありません 학생이 아닙니다

☞ 왼쪽의 [카루가루 단어]를 활용하여 다음의 문장들을 연습해 보세요.

정중형 + か。= ~입니까?
정중형 의문문에 물음표(?)는 NO.

• 학생이니? 　学生？

• 학생입니까? 　学生ですか。

• 응, 학생이야. 　うん、学生。

• 네, 학생입니다. 　はい、学生です。

• 아니, 학생이아니야. ううん、学生じゃない。

• 아니요, 학생이아닙니다. いいえ、学生じゃないです。

같은 표현으로
〜じゃありません(정중한 표현),
〜ではありません(더 정중한 표현).

2

わたし	**あなた**	**〜さん**	**だれ**
나/저	너/당신	~씨	누구

↓ ~은/~는 **〜は**　　　↓ ~도 **〜も**

▶ '~은/~는'의 조사일 때 발음은 [하]가 아니라 [와].

예 わたしは　あなたは　三木さんは　　예 わたしも　あなたも　三木さんも

　 나는　　당신은　　미키 씨는　　　　 나도　　당신도　　미키 씨도

1

당신은 학생입니까?　　あなたは<ruby>学生<rt>がくせい</rt></ruby>ですか。

대학생　　<ruby>大学生<rt>だいがくせい</rt></ruby>

선생님　　<ruby>先生<rt>せんせい</rt></ruby>

요리사　　<ruby>シェフ<rt>しぇふ</rt></ruby>

2

미키 씨도 요리사입니까?　　<ruby>三木<rt>みき</rt></ruby>さんも<ruby>シェフ<rt>しぇふ</rt></ruby>ですか。

의사　　<ruby>医者<rt>いしゃ</rt></ruby>

회사원　　<ruby>会社員<rt>かいしゃいん</rt></ruby>

은행원　　<ruby>銀行員<rt>ぎんこういん</rt></ruby>

3

네, 저는 가수입니다.	はい、私<small>わたし</small>は歌手<small>かしゅ</small>です。
주부	主婦<small>しゅふ</small>
스포츠 선수	スポーツ選手<small>すぽーつせんしゅ</small>
테니스 선수	テニス選手<small>てにすせんしゅ</small>

4

아니요, 저는 한국인이 아닙니다.	いいえ、 私<small>わたし</small>は韓国人<small>かんこくじん</small>じゃないです。
일본인	日本人<small>にほんじん</small>
중국인	中国人<small>ちゅうごくじん</small>
미국인	アメリカ人<small>あめりかじん</small>

2과 쉐도잉 훈련

예 A: 미키 씨는 일본 분입니까?　三木さんは日本の方ですか。

B: 네, 일본인입니다.　はい、日本人です。

국적을 물어볼 때는 ～の方(존경 표현)

日本	▶	日本の方	日本人
일본		일본 분	일본인

대답할 때는 ～人

---

1 金

2 ワン

3 クリス

4 ハン

정답 ▶▶▶ 부록 213쪽

メモ

예 A: 이름은 무엇입니까?　　お名前は何ですか。

B: 저는 미키입니다.　　私は三木です。

A: 미키 씨도 선생님입니까?　　三木さんも先生ですか。

B: 아니요, 선생님이 아닙니다.　　いいえ、先生じゃないです。

　　회사원입니다.　　会社員です。

何ですか。　▶　名前 앞의 お는 존경 표현.
お名前は何ですか。

무엇입니까?　　이름은 무엇입니까?

---

1 金

2 ワン

3 クリス

정답 ▶▶▶ 부록 213쪽

友だちと **ペラペラ**

친구와 술술

나는 스파이!　　わたしは**スパイ**！

1. 새로운 내 이름, 국적, 직업을 만들어서 **[내 메모장]**에 메모하기.

2. 일본어로 친구의 이름과 국적, 직업을 묻고 **[친구 메모장]**에 메모하기.

| 내 메모장 | | 친구 메모장 |

名前

이름:

国

나라:

仕事

직업:

お名前

이름:

お国

나라:

お仕事

직업:

힌트

A : お名前は何ですか。　　이름은 무엇인가요?

A : ○○さんは韓国の方ですか。　　○○ 씨는 한국 분이에요?

A : ○○さんは学生ですか。　　○○ 씨는 학생이에요?

三木（みき）: はじめまして。三木（みき）です。よろしくお願（ねが）いします。

金（きむ）: はじめまして。金（きむ）です。

こちらこそよろしくお願（ねが）いします。

三木（みき）: 金（きむ）さんは日本（にほん）の方（かた）ですか。

金（きむ）: いいえ、日本人（にほんじん）じゃないです。韓国人（かんこくじん）です。

三木（みき）: お仕事（しごと）は何（なん）ですか。

金（きむ）: 私（わたし）は大学生（だいがくせい）です。

たんご

はじめまして 처음 뵙겠습니다 | 三木（みき） 미키(일본인 성)

よろしくお願（ねが）いします 잘 부탁해요 | 金（きむ） 김(한국인 성) | こちらこそ 저야말로

～方（かた） ~분 | 日本人（にほんじん） 일본인 | お仕事（しごと） 일/직업 | 何（なん） 무엇 | 大学生（だいがくせい） 대학생

미키 : 처음 뵙겠습니다. 미키입니다. 잘 부탁합니다.

김 : 처음 뵙겠습니다. 김입니다.
저야말로 잘 부탁합니다.

미키 : 김 씨는 일본 분입니까?

김 : 아니요, 일본인이 아닙니다. 한국인입니다.

미키 : 직업은 무엇입니까?

김 : 저는 대학생입니다.

- 비즈니스 관계의 경우 좀 더 정중한 자기소개 표현을 사용하는 것이 좋다.

예 はじめまして。三木と申します。 처음 뵙겠습니다. 미키라고 합니다.

예 どうぞよろしくお願いいたします。 아무쪼록 잘 부탁드립니다.

✏️ 음성을 들으며 일본어로 빈칸을 채워 써 보자.

三木: はじめまして。三木です。＿＿＿＿＿＿＿＿＿＿＿＿＿＿＿＿。

金: はじめまして。金です。

こちらこそ＿＿＿＿＿＿＿＿＿＿＿＿＿＿＿＿。

三木: 金さんは＿＿＿＿＿＿＿＿＿＿ですか。

金: いいえ、＿＿＿＿＿＿＿＿＿＿＿＿＿＿＿。韓国人です。

三木: お仕事は＿＿＿＿＿＿＿＿＿＿。

金: 私は大学生です。

✏️ 일본어를 모두 채워 쓴 후, 우리말 해석을 써 보자.

미키:

김:

미키:

김:

미키:

김:

かるがる **すうじ**
카루가루 숫자

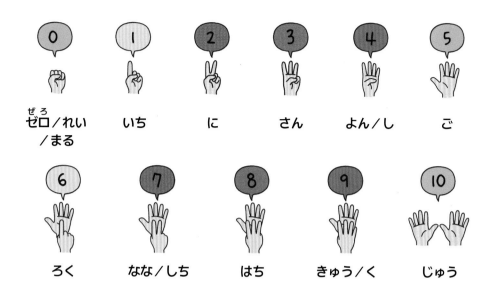

0	1	2	3	4	5
ゼロ／れい／まる	いち	に	さん	よん／し	ご

6	7	8	9	10
ろく	なな／しち	はち	きゅう／く	じゅう

⭐ 전화번호를 읽어 보자.

韓国 かんこく	몇 번	日本 にほん
１１２番 ばん	범죄 신고	１１０番 ばん
１１９番 ばん	화재 신고	１１９番 ばん
１３１番 ばん	일기 예보	１７７番 ばん

정답 ▶▶▶ 부록 214쪽

⭐ 친구와 서로의 전화번호를 묻고 답해 보자.

A: 전화번호는 몇 번이에요?

B: 제 전화번호는 070 - 2345 - 6789번이에요.

A: 電話番号は何番ですか。
でん わ ばんごう　なんばん

B: 私の電話番号は０７０の２３４５の６７８９番です。
わたし　でん わ ばんごう　ぜろななぜろ　にさんよんご　ろくななはちきゅうばん

▶ 전화번호에서 –는 の로 발음.

これは誰のケータイですか。

3과 포인트강의 · 3과 음원 듣기

이것은 누구의 휴대 전화예요?

かるがる たんご 15
카루가루 단어 15

🎧 03_1.mp3

· 명사

本
책

雑誌
잡지

辞書
사전

写真
사진

めがね
안경

かばん
가방

財布
지갑

かぎ
열쇠(키)

時計
시계

傘
우산

ぼうし
모자

車
자동차

電話
전화

アプリ
앱(어플)

ケータイ
휴대 전화

그 외에 알아두면 좋은 단어

ホテル 호텔   **ボール** 공   **パソコン** 컴퓨터   **スマホ** 스마트폰

1

이것	그것	저것	어느 것
これ	**それ**	**あれ**	**どれ**
나에게 가까운 것	상대에게 가까운 것	나와 상대에게 먼 것	

👉 왼쪽의 [카루가루 단어]를 활용하여 다음의 문장들을 연습해 보세요.

A : 이것은 가방입니까?
これはかばんですか。

B : 네, 그것은 가방입니다.
はい、それはかばんです。

A : 그것은 가방입니까?
それはかばんですか。

B : 네, 이것은 가방입니다.
はい、これはかばんです。

A : 저것은 가방입니까?
あれはかばんですか。

B : 네, 저것은 가방입니다.
はい、あれはかばんです。

2

にほんご	なん	わたし	だれ
일본어	무엇	나	누구

❶ 명사 수식(해석 x) 〜の   ❷ ~의 〜の   ❸ ~의 것 〜の

예 日本語の本   예 私の本   예 私の

일본어 책   나의 책   나의 것

何の本   誰の本   誰の

무슨 책   누구의 책   누구의 것

▶ 명사와 명사 사이에는 の를 꼭 붙이지만, 고유 명사는 の를 붙이지 않는다.

- 日本の大学 일본의 대학 (일본에 있는 대학들)
- 日本大学 니혼대학 (대학교 이름; 고유명사)

카루가루 연습 1

1

이것은 책입니까?

これは本ですか。

네, 그것은 책입니다.

はい、それは本です。

아니요, 그것은 책이 아닙니다.

いいえ、それは本じゃないです。

잡지

雑誌

사전

辞書

2

그것은 사진입니까?

それは写真ですか。

네, 이것은 사진입니다.

はい、これは写真です。

아니요, 이것은 사진이 아닙니다.

いいえ、これは写真じゃないです。

우산

傘

키(열쇠)

かぎ

3

저것은 전화입니까?	あれは電話^{でんわ}ですか。
네, 저것은 전화입니다.	はい、あれは電話^{でんわ}です。
아니요, 저것은 전화가 아닙니다.	いいえ、あれは電話^{でんわ}じゃないです。
휴대 전화	ケータイ
앱(어플)	アプリ

3과 쉐도잉 훈련

예 日本語の辞書
(일본어) 사전

車の雑誌
(자동차) 잡지

ホテルのかぎ
(호텔) 키/열쇠

写真のアプリ
(사진) 어플

예

A: 그것은 무엇입니까?　　　　それは何ですか。

B: 이것은 사전입니다.　　　　これは辞書です。

A: 무슨 사전입니까?　　　　何の辞書ですか。

B: 일본어 사전입니다.　　　　日本語の辞書です。

1 　　　2 　　　3

写真
アプリ

정답 ▶▶▶ 부록 214쪽

예 木村
기무라

金
김

クリス
크리스

ワン
왕

예 財布
지갑

時計
시계

ボール
공

めがね
안경

예

A: 이것은 당신의 지갑입니까? これはあなたの財布ですか。

B: 아니요, 내(나의) 지갑이 아닙니다. いいえ、私の財布じゃないです。

A: 누구의 지갑입니까? 誰の財布ですか。

B: 기무라 씨의 것입니다. 木村さんのです。

1   2   3

정답 ▶▶▶ 부록 214쪽

友だちと ペラペラ
친구와 술술

이것은 뭘까요?　　これはなんですか。

1. 나의 물건 하나를 [메모장]에 (그림으로만) 그리기.

2. 그림을 보면서 일본어로 친구와 서로 질문하기.

|　　메모장　　|

힌트

A : それはレモンですか。　그것은 레몬입니까?

A : それはボールですか。　그것은 공입니까?

A : それはバスケットボールですか。　그것은 농구공입니까?

三木: これは誰のケータイですか。

金: あ、私のケータイです。

三木: これは韓国のケータイですか。

金: いいえ、韓国のケータイじゃないです。日本のです。

三木: 写真のアプリも日本のですか。

金: いいえ、それは韓国の人気のアプリです。

たんご

これ 이것 | 誰 누구 | 〜の 〜의/〜것 | ケータイ 휴대 전화 | 韓国 한국
日本 일본 | 写真 사진 | アプリ 앱(어플) | それ 그것 | 人気 인기

미키 : 이것은 누구의 휴대 전화입니까?

김 : 아, 저의 휴대 전화입니다.

미키 : 이것은 한국의 휴대 전화입니까?

김 : 아니요, 한국의 휴대 전화가 아닙니다. 일본 것입니다.

미키 : 사진 어플도 일본 것입니까?

김 : 아니요, 그것은 한국의 인기 어플입니다.

・パソコン(컴퓨터)   ← パーソナルコンピュータ(퍼스널 컴퓨터)의 줄임말

・ケータイ(휴대 전화) ← 携帯電話(휴대 전화)의 줄임말

・スマホ(스마트폰)   ← スマートフォン(스마트폰)의 줄임말

・アプリ(앱)   ← アプリケーション(어플리케이션)의 줄임말

✏️ 음성을 들으며 일본어로 빈칸을 채워 써 보자.

三木<ruby>三木<rt>み き</rt></ruby>: これは_____<ruby>けータイ<rt>け たい</rt></ruby>ですか。

<ruby>金<rt>きむ</rt></ruby>: あ、_____。

<ruby>三木<rt>み き</rt></ruby>: これは<ruby>韓国<rt>かんこく</rt></ruby>の<ruby>けータイ<rt>け たい</rt></ruby>ですか。

<ruby>金<rt>きむ</rt></ruby>: いいえ、<ruby>韓国<rt>かんこく</rt></ruby>の<ruby>けータイ<rt>け たい</rt></ruby>_____。

_____。

<ruby>三木<rt>み き</rt></ruby>: <ruby>写真<rt>しゃしん</rt></ruby>の<ruby>アプリ<rt>あ ぷ り</rt></ruby>も_____ですか。

<ruby>金<rt>きむ</rt></ruby>: いいえ、それは<ruby>韓国<rt>かんこく</rt></ruby>の<ruby>人気<rt>にん き</rt></ruby>の<ruby>アプリ<rt>あ ぷ り</rt></ruby>です。

✏️ 일본어를 모두 채워 쓴 후, 우리말 해석을 써 보자.

미키:

김:

미키:

김:

미키:

김:

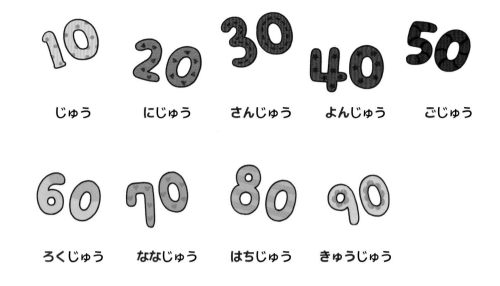

じゅう　　にじゅう　　さんじゅう　　よんじゅう　　ごじゅう

ろくじゅう　　ななじゅう　　はちじゅう　　きゅうじゅう

⭐ 페이지 수를 읽어 보자.

몇 페이지예요?	何ページですか。
13페이지	＿＿＿＿＿＿＿＿＿＿＿ページ
27페이지	＿＿＿＿＿＿＿＿＿＿＿ページ
지금 보고 있는 페이지	＿＿＿＿＿＿＿＿＿＿＿ページ

정답 ▶▶▶ 부록 215쪽

⭐ 친구와 페이지 수로 대결해 보자.

1. 서로 원하는 페이지를 일본어로 말해 보자.
2. 내가 말한 페이지를 펴서 사람 수가 더 많은 사람이 승리(かち).
3. 이긴 사람은 '나의 승리!'라고 외쳐 보자.
4. 진 사람은 '나의 패!'라고 외쳐 보자.

나의 승리!	나의 패!
わたしのかち！	わたしのまけ！

ぜんぜん高くないです。

전혀 비싸지 않습니다.

4과 포인트강의 4과 음원 듣기

かるがる たんご 15
카루가루 단어 15

🎧 04_1.mp3

• い형용사

高い
비싸다

安い
싸다

近い
가깝다

遠い
멀다

おいしい
맛있다

いい
좋다

悪い
나쁘다

新しい
새롭다

古い
낡다

辛い
맵다

大きい
크다

小さい
작다

多い
많다

少ない
적다

甘い
달다

그 외에 알아두면 좋은 단어

天気 날씨

くつ 구두

店 가게

人 사람

弁当 도시락

料理 요리

1

たかい	비싸다
↓	
たかいです	비쌉니다

たかいくない	비싸지 않아
↓	
たかいくないです	
たかいくありません	비싸지 않습니다

▶ いい 부정형 → よくないです/よくありません(좋지 않습니다)　　　*いくないです (X)

☞ 왼쪽의 [카루가루 단어]를 활용하여 다음의 문장들을 연습해 보세요.

- 비싸니?　　　高い？
- 응, 비싸.　　　うん、高い。
- 아니, 비싸지 않아.　ううん、高くない。

- 비쌉니까?　　　高いですか。
- 네, 비쌉니다.　　はい、高いです。
- 아니요, 비싸지 않습니다.　いいえ、高くないです。

2

わたし	あなた	てんき		おいしい	たかい
나/저	너/당신	날씨		맛있다	비싸다

↓ 　　　　　　　　　　↓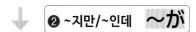

例 わたしが　　あなたが　　天気が　　　　例 おいしいですが、高いです。

　　내가　　　당신이　　　날씨가　　　　　　　맛있지만, 비쌉니다.

3

この 이 + 명사	**その** 그 + 명사	**あの** 저 + 명사	**どの** 어느 + 명사

↓

예 このみせ   そのみせ   あのみせ   どのみせ

이 가게   그 가게   저 가게   어느 가게

↓   어떻습니까   どうですか   ▶ 상대의 의견이나 상태를 물을 때 사용한다.

예 このみせはどうですか。   そのみせはどうですか。   あのみせはどうですか。

이 가게는 어떻습니까?   그 가게는 어떻습니까?   저 가게는 어떻습니까?

4

いい 좋다		**たかい** 비싸다
↓		↓
いいてんき 좋은 날씨		**たかいかばん** 비싼 가방

• 어떤 가방입니까?   どんなかばんですか。

• 비싼 가방입니다.   <ruby>高<rt>たか</rt></ruby>いかばんです。

카루가루 연습 1

1

이 도시락은 맛있습니까?	この<ruby>弁当<rt>べんとう</rt></ruby>はおいしいですか。
맵다	<ruby>辛<rt>から</rt></ruby>い
많다	<ruby>多<rt>おお</rt></ruby>い
적다	<ruby>少<rt>すく</rt></ruby>ない

2

네, 가게는 가깝습니다.	はい、<ruby>店<rt>みせ</rt></ruby>は<ruby>近<rt>ちか</rt></ruby>いです。
멀다	<ruby>遠<rt>とお</rt></ruby>い
비싸다	<ruby>高<rt>たか</rt></ruby>い
싸다	<ruby>安<rt>やす</rt></ruby>い

3

아니요,	いいえ、
구두는 크지 않습니다.	くつは大_{おお}きくないです。
	大_{おお}きくありません。

작다	小_{ちい}さい
새롭다	新_{あたら}しい
낡다	古_{ふる}い

4

날씨가 좋습니까?	天気_{てんき}がいいですか。
네, 날씨가 좋아요.	はい、天気_{てんき}がいいです。
아니요, 날씨가 좋지 않습니다.	いいえ、天気_{てんき}がよくないです。
	天気_{てんき}がよくありません。

서비스	サービス_{さびす}
호텔	ホテル_{ほてる}

4과 쉐도잉 훈련

この

비싼 차, 큰 차, 새 차

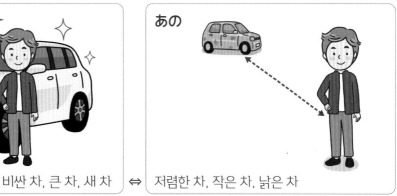
あの

⇔ 저렴한 차, 작은 차, 낡은 차

A: 자동차는 어떻습니까?　車(くるま)はどうですか。

예 高(たか)い

B: 이 차는 비싸지만, 저 차는 비싸지 않습니다.

この車(くるま)は高(たか)いですが、あの車(くるま)は高(たか)くないです。

1 大(おお)きい

2 新(あたら)しい

3 安(やす)い

4 小(ちい)さい

5 古(ふる)い

정답 ▶▶▶ 부록 215쪽

> 例 おいしい | 辛^{から}い | サービスがいい | 古^{ふる}い | 安^{やす}い | 人^{ひと}が多^{おお}い

예 A: 어떤 요리입니까?　　どんな料理^{りょうり}ですか。

B: 맛있는 요리입니다.　　おいしい料理^{りょうり}です。

1　A：どんな料理^{りょうり}ですか。

2　A：どんな料理^{りょうり}ですか。

3　A：どんな店^{みせ}ですか。

4　A：どんな店^{みせ}ですか。

5　A：どんな店^{みせ}ですか。

정답 ▶▶▶ 부록 216쪽

い형용사 빙고! ビンゴ！

1. 〈빙고 판〉에 마음에 드는 い형용사 9개를 채우기.

2. 돌아가며 형용사를 하나씩 부르기.

3. 불린 형용사를 모두 지운 사람은 빙고!라고 외치기.

い형용사 빙고

힌트

😺 '쉬운 빙고 게임'을 할지 '어려운 빙고 게임'을 할지 상의하여 정하기

- 쉬운 빙고 게임　⇒　おいしい。맛있다！

- 어려운 빙고 게임 ⇒　おいしくないです。/ おいしくありません。맛없어요!

三木(みき):　この店(みせ)は人(ひと)が多(おお)いですね。何(なん)の店(みせ)ですか。

金(きむ):　トッポキの店(みせ)です。

三木(みき):　トッポキはどんな料理(りょうり)ですか。

金(きむ):　少(すこ)し甘(あま)いですが、おいしい韓国料理(かんこくりょうり)です。

三木(みき):　辛(から)くないですか。

金(きむ):　私(わたし)はぜんぜん辛(から)くないです。

たんご

この 이 | 店(みせ) 가게 | 人(ひと) 사람 | 〜が ~이/~가/~지만 | 多(おお)い 많다 | 〜ね ~네/~군
何(なん)の 무슨 | トッポキ 떡볶이 | どんな 어떤 | 料理(りょうり) 요리 | 少(すこ)し 조금
甘(あま)い 달다 | おいしい 맛있다 | 韓国(かんこく) 한국 | 辛(から)い 맵다 | ぜんぜん 전혀

미키 : 이 가게는 사람이 많네요. 무슨 가게입니까?

김 : 떡볶이 가게입니다.

미키 : 떡볶이는 어떤 요리입니까?

김 : 조금 달지만, 맛있는 한국 요리입니다.

미키 : 맵지 않습니까?

김 : 저는 전혀 맵지 않습니다.

• 일본에서 おいしい店(맛집) 찾기

 예 新宿 グルメ 신주쿠 맛집

• グルメ는 프랑스어 'gourmet'에서 왔으며, '1. 미식가, 2. 맛있는 음식, 3. 맛집' 등의 의미로 사용된다.

✏️ 음성을 들으며 일본어로 빈칸을 채워 써 보자.

三木(みき): この店(みせ)は人(ひと)が多(おお)いですね。＿＿＿＿＿＿＿ですか。

金(きむ): トッポキの店(みせ)です。

三木(みき): トッポキは＿＿＿＿＿＿＿＿＿＿ですか。

金(きむ): 少(すこ)し＿＿＿＿＿＿＿＿、おいしい韓国料理(かんこくりょうり)です。

三木(みき): ＿＿＿＿＿＿＿＿＿＿か。

金(きむ): 私(わたし)はぜんぜん辛(から)くないです。

✏️ 일본어를 모두 채워 쓴 후, 우리말 해석을 써 보자.

미키:

김:

미키:

김:

미키:

김:

いちじ　　にじ　　さんじ　　よじ　　ごじ　　ろくじ

しちじ　　はちじ　　くじ　　じゅうじ　　じゅういちじ　じゅうにじ

▶ 〜時 ~시 ｜ 〜時間 ~시간

지금　　　　몇 시예요?	今　　　　　　何時ですか。
체크인은	チェックインは
체크아웃은	チェックアウトは
시험은	テストは

★ 여러 나라의 현재 시각을 읽어 보자.

예	❶	❷	❸	❹
10:00	2:00	4:00	9:00	8:00
日本	イタリア	ロシア	中国	ベトナム
東京	ローマ	モスクワ	北京	ハノイ

예　A: 일본은 지금 몇 시예요?　　日本は今何時ですか。

　　B: 일본은 지금 10시예요.　　日本は今じゅう時です。

　　B: 일본의 도쿄는 지금 10시예요.　日本の東京は今じゅう時です。

정답 ▶▶▶ 부록 216쪽

有名なホテルですか。
ゆうめい　　　ほ　て　る

유명한 호텔입니까?

5과 포인트강의
5과 음원 듣기

카루가루 단어 15
かるがる たんご 15

🔊 05_1.mp3

・な형용사

便利だ
べんり
편리하다

不便だ
ふべん
불편하다

楽だ
らく
편안하다

大変だ
たいへん
힘들다

変だ
へん
이상하다

丈夫だ
じょうぶ
튼튼하다

大丈夫だ
だいじょうぶ
괜찮다

ひまだ
한가하다

静かだ
しず
조용하다

にぎやかだ
번화하다

有名だ
ゆうめい
유명하다

きれいだ
예쁘다/깨끗하다

すてきだ
멋지다

新鮮だ
しんせん
신선하다

簡単だ
かんたん
간단하다

그 외에 알아두면 좋은 단어

駅 역
えき

ホテル 호텔
ほてる

アルバイト 아르바이트(**バイト** 알바)
あるばいと　　　　　　　　　　ばいと

地下鉄 지하철
ちかてつ

公園 공원
こうえん

花 꽃
はな

1

ひまだ	한가하다
↓	
ひまだです	한가합니다

ひまだじゃない	한가하지 않아
↓	
ひまだじゃないです	한가하지 않습니다
ひまだじゃありません	

☞ 왼쪽의 [카루가루 단어]를 활용하여 다음의 문장들을 연습해 보세요.

- 한가하니?   ひま？
- 응, 한가해.   うん、ひま。
- 아니, 한가하지않아.   ううん、ひまじゃない。

- 한가합니까?   ひまですか。
- 네, 한가합니다.   はい、ひまです。
- 아니요, 한가하지않습니다.   いいえ、ひまじゃないです。
                         ひまじゃありません。

2

駅 (えき) 역	ホテル (ほてる) 호텔

↓ 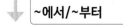   ↓

예 駅から   ホテルまで
     (えき)   (ほてる)
   역에서   호텔까지

3

とても	すこし		あまり	ぜんぜん
매우/아주	조금		그다지/별로	전혀

↓

예   とてもひま   すこしひま   あまりひまじゃない   ぜんぜんひまじゃない

매우 한가해   조금 한가해   별로 한가하지 않아   전혀 한가하지 않아

4

ひまだ	한가하다	たいへんだ	힘들다
↓		↓	
ひまだな+ひと	한가한+사람	たいへんだな+バイト	힘든+알바

▶ 수식형은 「〜だ」를 「〜な」로 바꾸고 명사를 붙여요.

- 어떤 사람입니까?   どんな人ですか。
- 한가한 사람입니다.   ひまな人です。

1

일본의 지하철은 편리합니까?

日本の地下鉄は便利ですか。
<small>にほん　ち　かてつ　べんり</small>

불편하다

不便だ
<small>ふべん</small>

깨끗하다

きれいだ

조용하다

静かだ
<small>しず</small>

2

네,

이 아르바이트는 힘듭니다.

はい、

このアルバイトは大変です。
<small>あるばいと　たいへん</small>

편하다

楽だ
<small>らく</small>

한가하다

暇だ
<small>ひま</small>

멋지다

すてきだ

3

아니요,	いいえ、
저 요리는 신선하지 않습니다.	あの料理は新鮮じゃないです。
	新鮮じゃありません。
간단하다	簡単だ
이상하다	変だ
유명하다	有名だ

4

서울에서 부산까지	ソウルからプサンまで	
역　　　호텔	駅　　　ホテル	
1　　　10	いち　　　じゅう	
1시　　　2시	1時　　　2時	
몇시　　　몇시	何時　　　何時	

5과 쉐도잉 훈련

예 **楽だ**

 ❶   ❷   ❸   ❹

예 ❶ 매우 편안합니다.   とても楽です。

     ❷ 조금 편안합니다.   すこし楽です。

     ❸ 그다지 편안하지 않습니다.   あまり楽じゃないです。

     ❹ 전혀 편안하지 않습니다.   ぜんぜん楽じゃないです。

1 新鮮だ

 ❶   ❷   ❸   ❹

2 きれいだ

 ❶   ❷   ❸   ❹

정답 ▶▶▶ 부록 217쪽

예 <u>にぎやかだ</u>	ひまだ	楽^{らく}だ	丈夫^{じょうぶ}だ	大変^{たいへん}だ	きれいだ

예 A: 어떤 공원입니까?　　　　どんな公園^{こうえん}ですか。

B: 북적북적한 공원입니다.　　にぎやかな公園^{こうえん}です。

1　A : どんな人^{ひと}ですか。

2　A : どんな人^{ひと}ですか。

3　A : どんな花^{はな}ですか。

4　A : どんなアルバイト^{あるばいと}ですか。

5　A : どんなアルバイト^{あるばいと}ですか。

정답 ▶▶▶ 부록 217쪽

友だちと **ペラペラ**

친구와 술술

어떤 호텔이 좋아요? どんなホテルがいいですか。

1. 마음에 드는 호텔을 ABCD 중 골라 보기.

2. 친구는 어떤 호텔이 가장 마음에 드는지 서로 맞혀 보기. (질문은 딱 다섯 번만)

| Ａ ホテル |

- 静かだ 조용하다
- きれいだ 깨끗하다
- 便利だ (駅から近い)
  편리하다(역에서 가깝다)
- 料理がおいしい 요리가 맛있다

| Ｂ ホテル |

- 静かだ 조용하다
- 便利だ (駅から近い)
  편리하다(역에서 가깝다)
- サービスがいい 서비스가 좋다
- 安い 싸다

| Ｃ ホテル |

- 静かだ 조용하다
- きれいだ 깨끗하다
- ロビーがすてきだ 로비가 멋지다
- 料理がおいしい 요리가 맛있다

| Ｄ ホテル |

- きれいだ 깨끗하다
- 便利だ (駅から近い)
  편리하다(역에서 가깝다)
- サービスがいい 서비스가 좋다
- 安い 싸다

정답 ▶▶▶ 부록 217쪽

힌트

A : ○○さんは静かなホテルがいいですか。　　○○ 씨는 조용한 호텔이 좋아요?

B : はい。 / いいえ。　　네. / 아니요.

三木: ここは有名なホテルですか。

金: はい。とても有名なホテルです。

三木: 駅からホテルまで近いですか。

金: はい、とても近いです。駅から５分です。

三木: へやはきれいですか。

金: いいえ。あまりきれいじゃないですが、
静かなへやです。

たんご

ここ 여기/이곳 | 有名だ 유명하다 | ホテル 호텔 | とても 매우 | 駅 역
~から ~부터 | ~まで ~까지 | 近い 가깝다 | へや 방 | きれいだ 깨끗하다
あまり 그다지 | 静かだ 조용하다

미키 : 여기는 유명한 호텔입니까?

김 : 네. 매우 유명한 호텔입니다.

미키 : 역에서 호텔까지 가깝습니까?

김 : 네, 매우 가깝습니다. 역에서 5분입니다.

미키 : 방은 깨끗합니까?

김 : 아니요. 그다지 깨끗하지 않지만,
　　조용한 방입니다.

- 호텔 방 호수 말하기
　예 305호 → ３０５号室　　예 908호 → ９０８号室

- 일본에서는 방 호수를 말할 때 [삼-백-오]라고 하기보다는 [삼-동그라미-오]라고 한다.

- まる는 '동그라미'의 의미지만, 숫자 '0' 대신 자주 사용한다.

✏️ 음성을 들으며 일본어로 빈칸을 채워 써 보자.

三木_{みき}: ここは＿＿＿＿＿＿ホテル_{ほてる}ですか。

金_{きむ}: はい。とても＿＿＿＿＿＿ホテル_{ほてる}です。

三木_{みき}: 駅_{えき}＿＿＿＿ホテル_{ほてる}＿＿＿＿近_{ちか}いですか。

金_{きむ}: はい、とても近_{ちか}いです。駅_{えき}から5分_{ごふん}です。

三木_{みき}: へやはきれいですか。

金_{きむ}: いいえ。＿＿＿＿＿＿＿＿＿＿＿が、
静_{しず}かなへやです。

✏️ 일본어를 모두 채워 쓴 후, 우리말 해석을 써 보자.

미키:

김:

미키:

김:

미키:

김:

10分	10분	じゅっぷん		5分	5분	ごふん
20分	20분	にじゅっぷん		15分	15분	じゅうごふん
30分	30분	さんじゅっぷん		25分	25분	にじゅうごふん
40分	40분	よんじゅっぷん		35分	35분	さんじゅうごふん
50分	50분	ごじゅっぷん		45分	45분	よんじゅうごふん
60分	60분	ろくじゅっぷん		55分	55분	ごじゅうごふん

+ ┌ ~에서(부터) ~까지　　~から ~まで ┐

★ 스케줄표를 보며 시간을 읽어 보자.

10월 3일

❶ 영어 수업	英語の授業 えいご じゅぎょう	8:30 ~ 9:30
❷ 일본어 수업	日本語の授業 にほんご じゅぎょう	10:00 ~ 12:00
❸ 점심시간	昼休み ひるやす	12:10 ~ 1:10
예 시험	テスト てすと	1:20 ~ 2:20
❹ 아르바이트	アルバイト あるばいと	4:15 ~ 8:15

예 A: 시험은 몇 시부터 몇 시까지예요?
　　テストは何時から何時までですか。
　　てすと なんじ なんじ

　B: 시험은 1시 20분부터 2시 20분까지예요.
　　テストはいち時にじゅっ分からに時にじゅっ分までです。
　　てすと じ ぷん じ ぷん

정답 ▶▶▶ 부록 218쪽

6과

日本のどこが好きですか。
일본의 어디를 좋아합니까?

 6과 포인트강의   6과 음원 듣기

かるがる たんご 15
카루가루 단어 15

🔊 06_1.mp3

· な형용사

好きだ	嫌いだ	上手だ	下手だ	親切だ
좋아하다	싫어하다	잘하다	못하다	친절하다

· い형용사

まじめだ	元気だ	おもしろい	つまらない	忙しい
성실하다	건강하다	재미있다	따분하다	바쁘다

明るい	暗い	かわいい	やさしい	性格がいい
밝다	어둡다	귀엽다	상냥하다	성격이 좋다

그 외에 알아두면 좋은 단어

友だち 친구	海 바다	スタンプ 이모티콘	雪 눈
お茶 차/녹차	温泉 온천	しか 사슴	

1

～が ~을/~를	すきだ 좋아하다	・ 녹차를 좋아합니다. お茶が好きです。

きらいだ
싫어하다

・ 녹차를 싫어합니다.
お茶が嫌いです。

じょうずだ
잘하다/능숙하다

・ 요리를 잘합니다.
料理が上手です。

へただ
못하다/서툴다

・ 요리를 못합니다.
料理が下手です。

2

명사

ともだちだ → ともだちだで
친구 + 다   친구이고/친구여서

・ 친구이고, 일본인입니다.
友だちで、日本人です。

な형용사

しんせつだ → しんせつだで
친절하다   친절하고/친절해서

・ 친절하고, 유명합니다.
親切で、有名です。

い형용사

おもしろい → おもしろいくて
재미있다   재미있고/재미있어서

・ 재미있고, 귀엽습니다.
おもしろくて、かわいいです。

▶ いい → よくて (좋고/좋아서)   *いくて(X)

▶ かわいい → かわいくて (귀엽고/귀여워서)   *かわくて(X)

3

どうして	왜/어째서
↓	
どうしてですか	왜요? / 어째서입니까?

▶ 같은 표현으로 **なぜ**(문어체 표현) / **なんで**(가벼운 표현).

4

명사

ともだちだ
친구 + 다
→
ともだちだから
친구이니까/친구이기 때문에

な형용사

しんせつだ
친절하다
→
しんせつだから
친절하니까/친절하기 때문에

い형용사

おもしろい
재미있다
→
おもしろいから
재미있으니까/재미있기 때문에

▶ 정중형과 부정형에도 사용 가능.

1

고양이를 좋아합니다.　　　　　ねこが好<ruby>好<rt>す</rt></ruby>きです。

바다　　　　　　　　　　　　　<ruby>海<rt>うみ</rt></ruby>

이모티콘　　　　　　　　　　　スタンプ

눈　　　　　　　　　　　　　　<ruby>雪<rt>ゆき</rt></ruby>

2

술을 싫어합니다.　　　　　　　お<ruby>酒<rt>さけ</rt></ruby>が<ruby>嫌<rt>きら</rt></ruby>いです。

담배　　　　　　　　　　　　　たばこ

커피　　　　　　　　　　　　　<ruby>コ<rt>こ</rt></ruby>ー<ruby>ヒ<rt>ひ</rt></ruby>ー

녹차　　　　　　　　　　　　　お<ruby>茶<rt>ちゃ</rt></ruby>

3

요리를 잘합니다.	<ruby>料理<rt>りょうり</rt></ruby>が<ruby>上手<rt>じょうず</rt></ruby>です。
게임	<ruby>ゲ<rt>げ</rt>ー<ruby>ム<rt>む</rt></ruby></ruby>
노래	<ruby>歌<rt>うた</rt></ruby>
영어	<ruby>英語<rt>えいご</rt></ruby>

4

컴퓨터를 못합니다.	<ruby>パソコン<rt>ぱそこん</rt></ruby>が<ruby>下手<rt>へた</rt></ruby>です。
운전	うんてん
스포츠	<ruby>スポーツ<rt>すぽーつ</rt></ruby>
그림	<ruby>絵<rt>え</rt></ruby>

6과 쉐도잉 훈련

 三木
미키

木村
기무라

中村
나카무라

中山
나카야마

・やさしい
상냥하다

・かわいい
귀엽다

・元気だ
건강하다

・まじめだ
성실하다

・親切だ
친절하다

・おもしろい
재미있다

・明るい
밝다

・英語が上手だ
영어를 잘하다

예 A: 미키 씨는 어떻습니까?　三木さんはどうですか。

B: 상냥하고 귀엽습니다.　やさしくてかわいいです。

귀엽고 상냥합니다.　かわいくてやさしいです。

1 木村

2 中村

3 中山

정답 ▶▶▶ 부록 219쪽

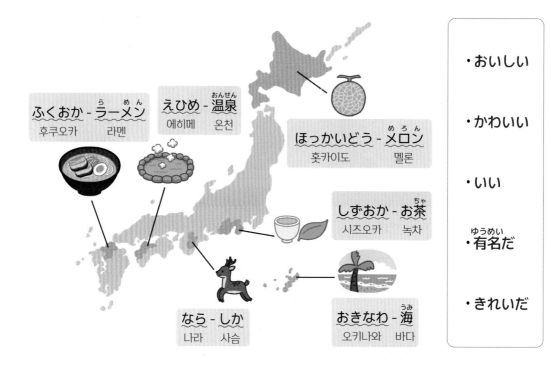

ふくおか - ラーメン
후쿠오카　라멘

えひめ - 温泉
에히메　온천

ほっかいどう - メロン
홋카이도　멜론

しずおか - お茶
시즈오카　녹차

なら - しか
나라　사슴

おきなわ - 海
오키나와　바다

・おいしい

・かわいい

・いい

・有名だ

・きれいだ

例 A: 저는 홋카이도를 좋아합니다.　　私はほっかいどうが好きです。

B: 왜요?　　どうしてですか。

A: 홋카이도는 멜론이 맛있기 때문입니다.　　ほっかいどうはメロンがおいしいからです。

1 えひめ

2 ふくおか

3 なら

4 しずおか

5 おきなわ

정답 ▶▶▶ 부록 219쪽

友だちと **ペラペラ**

친구와 술술

당신은 누구?　　　あなたはだれ！

1. 5명 중 마음에 드는 이름을 하나 정하기.

2. 질문을 통해서 상대방의 이름 맞히기.

すき 👍　　　きらい 👎

三木（みき）	スポーツ 스포츠 👍 コーヒー 커피 👍	海（うみ）바다 👍
木村（きむら）	スポーツ 스포츠 👍 コーヒー 커피 👍	お酒（さけ）술 👎
中村（なかむら）	スポーツ 스포츠 👎 コーヒー 커피 👍	歌（うた）노래 👍 お酒（さけ）술 👍
中山（なかやま）	スポーツ 스포츠 👎 山（やま）산 👍	歌（うた）노래 👍 海（うみ）바다 👎
山田（やまだ）	旅行（りょこう）여행 👍 山（やま）산 👍	たばこ 담배 👎 海（うみ）바다 👍

정답 ▶▶▶ 부록 220쪽

힌트

A : あなたは スポーツ（す ぽ っ）が 好（す）きですか。 당신은 스포츠를 좋아해요?

　…

A : あなたは 木村（き むら）さんですね！ 당신은 기무라 씨군요!

金：　三木さんは日本のどこが好きですか。

三木：　私は福岡が好きです。

金：　どうしてですか。

三木：　福岡は韓国から近くて、おいしい料理も多いからです。

金：　何がおいしいですか。

三木：　とんこつラーメンが有名でおいしいです。

それからぎょうざともつなべもおいしいです。

それから…

たんご

どこ 어디　｜　好きだ 좋아하다　｜　福岡 후쿠오카(일본 지명)　｜　どうして 왜/어째서

近い 가깝다　｜　おいしい 맛있다　｜　料理 요리　｜　多い 많다　｜　～から ~에서/~이기 때문에

とんこつラーメン 돈코츠 라멘(일본식 돼지육수 라면)　｜　有名だ 유명하다　｜　それから 그리고

ぎょうざ 만두　｜　～と ~와/~과　｜　もつなべ 모츠나베(일본식 곱창전골)

김 : 미키 씨는 일본의 어디를 좋아합니까?

미키 : 저는 후쿠오카를 좋아해요.

김 : 왜요?

미키 : 후쿠오카는 한국에서 가깝고, 맛있는 요리가 많기
때문입니다.

김 : 무엇이 맛있습니까?

미키 : 돈코츠 라멘이 유명하고 맛있습니다.
그리고 만두와 모츠나베도 맛있습니다. 그리고…

- 福岡(후쿠오카) 키워드

#규슈의 주요 도시 (일본에서 다섯 번째로 큰 도시)
#한국과 가장 가까운 일본의 대도시 (공항에서 도심까지 15분)
#돈타쿠 축제 (5월의 일본 최대 축제이며, 밥주걱 춤이 유명)
#유후인 온천마을 (프라이빗 료칸)
#먹거리 (하카타라멘의 본고장, 모츠나베, 우동, 우설, 명란젓…)
#난조인 (세계에서 큰 불상 중 하나, 복권 구매자들이 꼭 찾는 명소)
#모모치 해변공원 (아름다운 선셋 뷰, 사진 뷰, 데이트 명소)
#텐만구 (합격을 기원하는 신사로 유명, 매년 봄 6,000여 그루의 매화나무가 장관)

✏️ 음성을 들으며 일본어로 빈칸을 채워 써 보자.

金：三木さんは日本のどこが好きですか。

三木：私は福岡が好きです。

金：＿＿＿＿＿＿＿＿＿＿ですか。

三木：福岡は韓国＿＿＿＿＿＿＿＿＿＿＿、おいしい料理も

＿＿＿＿＿＿＿＿＿＿です。

金：何がおいしいですか。

三木：とんこつラーメンが＿＿＿＿＿＿＿＿＿＿＿＿です。

それからぎょうざともつなべもおいしいです。

それから…

✏️ 일본어를 모두 채워 쓴 후, 우리말 해석을 써 보자.

김:

미키:

김:

미키:

김:

미키:

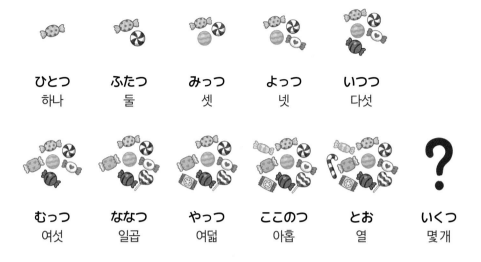

ひとつ	ふたつ	みっつ	よっつ	いつつ
하나	둘	셋	넷	다섯

むっつ	ななつ	やっつ	ここのつ	とお	いくつ
여섯	일곱	여덟	아홉	열	몇 개

▶ '한 개, 두 개…' 물건을 셀 때도 사용하며, '한 살, 두 살…' 어린 나이를 셀 때도 사용.

이것	주세요.	これ	ください。
이것 하나		これひとつ	
전부		全部ぜんぶ	
전부 하나씩		全部ぜんぶひとつずつ	

⭐ 과일을 주문해 보자.

예	❶	❷	❸	❹
りんご	いちご	もも	すいか	なし
사과	딸기	복숭아	수박	배

예 사과 한 개(하나) 주세요.　　りんごひとつください。

정답 ▶▶▶ 부록 220쪽

お肉の方が好きです。
고기 쪽을 좋아합니다.

7과 포인트강의 7과 음원듣기

かるがる たんご 15
카루가루 단어 15

🎧 07_1.mp3

暑い
덥다

寒い
춥다

背が高い
키가 크다

背が低い
키가 작다

長い
길다

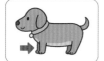
短い
짧다

一番
가장/제일

お肉
고기

お魚
생선

野菜
채소

季節
계절

春
봄

夏
여름

秋
가을

冬
겨울

그 외에 알아두면 좋은 단어

ゴルフ 골프　　**雪** 눈　　**空** 하늘　　**花** 꽃

焼き肉 고기구이　　**焼き魚** 생선구이　　**炒め** 볶음

1

うどんと	そばと	どちら	が	おいしいですか。
우동과(와)	메밀국수와(과)	어느 쪽	이(가)	맛있습니까?

▶ 일본어의 비교급은 「～と～とどちら」로 연결한다.

▶ どちら와 같은 표현으로 どっち(가벼운 회화 표현)가 있다.

2

	そば		です。	
	메밀국수		요.	(쉬운 대답)
	そば	が	おいしいです。	
	메밀국수	가	맛있습니다.	
うどんより	そば	が	おいしいです。	
우동보다	메밀국수	가	맛있습니다.	
うどんより	そば	の方が	おいしいです。	
우동보다	메밀국수	(의) 쪽이	맛있습니다.	(어려운 대답)

▶ 일본어의 비교급은 「～の方(~의 쪽)」를 자주 사용한다.

3

どちらも	둘 다(어느 쪽도)

• 둘 다 맛있습니다. どちらもおいしいです。

4

スポーツ の 中で 何が 一番 おもしろいですか。
스포츠 (의) 중에서 무엇이 가장 재미있습니까?

- 사람   + 誰 누구

- 장소   + どこ 어디

- 시기/때   + いつ 언제

▶ 「一番」은 '1번' '1등' '가장' '제일'.

5

ゴルフ が 一番 おもしろいです。
골프 가 가장 재미있습니다.

6

何でも + 긍정	뭐든지	• 뭐든지 재미있습니다. 何でもおもしろいです。
何も + 부정	아무것도	• 아무것도 재미있지 않습니다. 何もおもしろくないです。
全部	전부	• 전부 재미있습니다. 全部おもしろいです。

<table>
</table>

(**メモ**)

1

개와 고양이와		いぬと　ねこと	
어느 쪽을 좋아합니까?		どちらが好^すきですか。	

어느 쪽을 좋아합니까?　どちらが好きですか。

비	눈	雨^{あめ}	雪^{ゆき}
노래방	영화관	カラオケ^{からおけ}	映画館^{えいがかん}
여름	겨울	夏^{なつ}	冬^{ふゆ}

2

개와 고양이와			いぬと　ねこと		
어느 쪽이 귀엽습니까?			どちらがかわいいですか。		
비	눈	싫어하다	雨^{あめ}	雪^{ゆき}	嫌^{きら}いだ
노래방	영화관	재미있다	カラオケ^{からおけ}	映画館^{えいがかん}	おもしろい
여름	겨울	춥다	夏^{なつ}	冬^{ふゆ}	寒^{さむ}い

3

고양이쪽이 (더) 귀엽습니다.

ねこの方がかわいいです。

눈	싫어하다	雪 ゆき	嫌いだ きら
영화관	재미있다	映画館 えいがかん	おもしろい
겨울	춥다	冬 ふゆ	寒い さむ

4

개보다 고양이 쪽이 (더)
귀엽습니다.

いぬより ねこの方が
かわいいです。

비	눈	싫어하다	雨 あめ	雪 ゆき	嫌いだ きら
노래방	영화관	재미있다	カラオケ からおけ	映画館 えいがかん	おもしろい
여름	겨울	춥다	夏 なつ	冬 ふゆ	寒い さむ

7과 쉐도잉 훈련

鈴木さん
스즈키 씨

佐藤さん
사토 씨

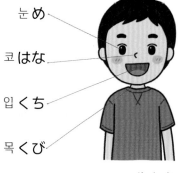

눈 め
コ はな
입 くち
목 くび

(키)130センチ

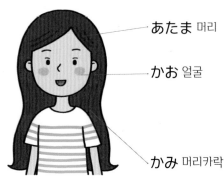

あたま 머리
かお 얼굴
かみ 머리카락

(키)190センチ

예 目 / 大きい

A: 스즈키 씨와 사토 씨와 어느 쪽이 눈이 큽니까?

鈴木さんと佐藤さんとどちらが目が大きいですか。

B: (사토 씨보다) 스즈키 씨 쪽이 눈이 큽니다.

(佐藤さんより) 鈴木さんの方が目が大きいです。

1 口 / 小さい

2 髪 / 短い

3 首 / 長い

4 背 / 高い

<季節 계절>

春
봄

夏
여름

秋
가을

冬
겨울

예 暑い / 夏

A: 계절 중에서 언제가 가장 덥습니까?

　　季節の中でいつが一番暑いですか。

B: 여름이 가장 덥습니다.

　　夏が一番暑いです。

---

1 寒い / 冬

2 好きだ / 春

3 空がきれいだ / ?

4 花がきれいだ / ?

정답 ▶▶▶ 부록 221쪽

 술술 연습

お肉 고기	お魚 생선	野菜 채소

 焼き肉
고기구이

 牛丼
소고기 덮밥

 とんかつ
돈가스

 からあげ
닭튀김

 さしみ
생선회

 焼き魚
생선구이

 メウンタン
매운탕

 海鮮丼
회덮밥

 サラダ
샐러드

 野菜炒め
채소 볶음

 ナムル
나물

 野菜ジュース
채소 주스

예 お肉 / お魚 / さしみ

A: 고기와 생선과 어느 쪽이 맛있습니까?
　　お肉とお魚とどちらがおいしいですか。

B: (고기보다) 생선 쪽이 맛있습니다.
　　(お肉より)お魚の方がおいしいです。

A: 생선 요리 중에서 무엇이 가장 맛있습니까?
　　お魚料理の中で何が一番おいしいですか。

B: 생선회가 가장 맛있습니다.
　　さしみが一番おいしいです。

1 お魚 / 野菜 / ナムル

2 野菜 / お肉 / 焼き肉

3 자신이 좋아하는 요리를 묻고 답해 보세요.

정답 ▶▶▶ 부록 222쪽

友だちと **ペラペラ**

친구와 술술

당신의 타입은?　　あなたのタイプは！

1. 친구와 서로의 이상형을 일본어로 묻고 대답하기.

2. 설명을 들으면서 친구의 이상형을 [**그림장**]에 정성껏 그려 보기.

|　**그림장**　|

힌트

A : ○○さんはパーマとストレートとどちらが好きですか。

　　○○ 씨는 파마와 스트레이트와 어느 쪽을 좋아해요?　　　　정답 ▶▶▶ 부록 222쪽

パーマ	파마		ストレート	스트레이트	
長いかみ	긴 머리		短いかみ	짧은 머리	
ふたえ	쌍꺼풀	と	ひとえ	외까풀	とどちらが好き?
大きい口	큰 입		小さい口	작은 입	

金: 三木さんはお肉と野菜とどちらが好きですか。

三木: 私は野菜よりお肉の方が好きです。

金: お肉の中で何が一番おいしいですか。

三木: お肉は何でもおいしいです。

金さんもお肉が好きですか。

金: 私はお肉よりお魚の方がおいしいです。

特に焼き魚は最高ですね。

たんご

お肉 고기 | 野菜 채소 | どちら 어느 쪽 | ～より ～보다 | ～の方 ～(의) 쪽
～の中で ～(의) 중에서 | 何が 무엇이 | 一番 가장/제일 | 何でも 뭐든지
お魚 생선 | 特に 특히 | 焼き魚 생선구이 | 最高 최고

김 : 미키 씨는 고기와 채소와 어느 쪽을 좋아합니까?

미키 : 저는 채소보다 고기 쪽을 좋아합니다.

김 : 고기 중에서 무엇이 가장 맛있습니까?

미키 : 고기는 뭐든지 맛있습니다.
김 씨도 고기를 좋아합니까?

김 : 저는 고기보다 생선 쪽이 맛있습니다.
특히 생선구이는 최고지요.

• 焼き(구이)가 들어간 단어들

焼き肉 고기구이 | 焼き鳥 닭꼬치 | 焼きそば 야키소바(볶음면)

焼きいも 군고구마 | 焼き立てパン 갓 구운 빵 | 炭火焼き 숯불구이

✏️ 음성을 들으며 일본어로 빈칸을 채워 써 보자.

金: 三木さんはお肉＿＿野菜＿＿＿＿＿が好きですか。

三木: 私は野菜＿＿＿＿お肉＿＿＿＿＿＿が好きです。

金: お肉＿＿＿＿＿＿何が一番おいしいですか。

三木: お肉は＿＿＿＿＿＿おいしいです。

金さんもお肉が好きですか。

金: 私はお肉よりお魚の方がおいしいです。

特に焼き魚は最高ですね。

✏️ 일본어를 모두 채워 쏜 후, 우리말 해석을 써 보자.

김:

미키:

김:

미키:

김:

100
ひゃく
100

 200
にひゃく
200

 300
さんびゃく
300

 400
よんひゃく
400

 500
ごひゃく
500

 600
ろっぴゃく
600

 700
ななひゃく
700

 800
はっぴゃく
800

 900
きゅうひゃく
900

+ | 얼마 　　　 いくら |

+ | ~주세요 　　 ~ください |

★ 메뉴와 가격을 보고 대화해 보자.

例 타코야키　　たこ焼き　　620円
　　닭꼬치　　　焼き鳥　　　170円

❶ 야키소바　　焼きそば　　550円
　　빙수　　　　かき氷　　　390円

❷ 사과탕후루　りんごあめ　240円
　　솜사탕　　　わたあめ　　480円

축제 메뉴　**お祭りのメニュー**

야키소바 550円　타코야키 620円　솜사탕 480円　닭꼬치 170円　사과탕후루 240円　빙수 390円

例 A: 타코야키는 얼마예요?　　　　たこ焼きはいくらですか。

B: 타코야키는 620엔입니다.　　　たこ焼きはろっぴゃくにじゅう円です。

A: 닭꼬치는 얼마예요?　　　　　焼き鳥はいくらですか。

B: 닭꼬치는 170엔입니다.　　　　焼き鳥はひゃくななじゅう円です。

A: 타코야키와 닭꼬치 주세요.　　たこ焼きと焼き鳥ください。

B: 네, (계산은) 790엔입니다.　　はい、(お会計)ななひゃくきゅうじゅう円です。

정답 ▶▶▶ 부록 222쪽

カタカナ(가타카나)는 1.외래어 표기 2.신조어 표기 3.의성어/의태어 표기 4.강조 등에서 사용해요.

히라가나/가타카나

🎧 08_1.mp3

ひらがな					カタカナ				
あ	い	う	え	お	ア	イ	ウ	エ	オ
か	き	く	け	こ	カ	キ	ク	ケ	コ
さ	し	す	せ	そ	サ	シ	ス	セ	ソ
た	ち	つ	て	と	タ	チ	ツ	テ	ト
な	に	ぬ	ね	の	ナ	ニ	ヌ	ネ	ノ
は	ひ	ふ	へ	ほ	ハ	ヒ	フ	ヘ	ホ
ま	み	む	め	も	マ	ミ	ム	メ	モ
や		ゆ		よ	ヤ		ユ		ヨ
ら	り	る	れ	ろ	ラ	リ	ル	レ	ロ
わ		を		ん	ワ		ヲ		ン

⭐ 세 줄(ア행, カ행, サ행) 외우기!

ア [a] あ	イ [i] い	ウ [u] う	エ [e] え	オ [o] お
カ [ka] か	キ [ki] き	ク [ku] く	ケ [ke] け	コ [ko] こ
サ [sa] さ	シ [si] し	ス [su] す	セ [se] せ	ソ [so] そ

⭐ 가타카나 ア행 → カ행 → サ행 순서에 맞춰 점을 이어 보세요.

⭐ 단어를 읽고 의미를 맞혀 보세요.

tip カタカナ(가타카나)에서 'ー'은 장음 표기.

예 ケーキ	❶ アジア	❷ コース	❸ サイズ	❹ ソース
[케-키]	[ ]	[ ]	[ ]	[ ]
케이크				

정답 ▶▶▶ 부록 223쪽

🎧 08_3.mp3

⭐ 세 줄(夕행, ナ행, ハ행) 외우기!

夕 [ta] た	チ [chi] ち	ツ [tsu] っ	テ [te] て	ト [to] と
ナ [na] な	ニ [ni] に	ヌ [nu] ぬ	ネ [ne] ね	ノ [no] の
ハ [ha] は	ヒ [hi] ひ	フ [hu] ふ	ヘ [he] へ	ホ [ho] ほ

⭐ 가타카나를 비교하며 써 보세요.

[た] _____ [く] _____

[し] _____ [っ] _____

[ふ] _____ [す] _____

[い] _____ [と] _____

⭐ 단어를 읽고 의미를 맞혀 보세요. **tip** カタカナ(가타카나)에서 '－'은 장음 표기.

❶ タクシー ❷ テスト ❸ ケータイ ❹ ピアノ ❺ スポーツ

[   ]   [   ]   [   ]   [   ]   [   ]

정답 ▶▶▶ 부록 223쪽

⭐ 두 줄(マ행, ヤ행) 외우기!

マ [ma] ま	ミ [mi] み	ム [mu] む	メ [me] め	モ [mo] も
ヤ [ya] や		ユ [yu] ゆ		ヨ [yo] よ

⭐ 문장 속 가타카나 순서에 맞춰 점을 이어 보세요.

지금부터 애니메이션 상영이 시작됩니다. 휴대 전화를 진동 모드로 바꿔 주세요.
└ アニメ   └ ケータイ └ マナーモード

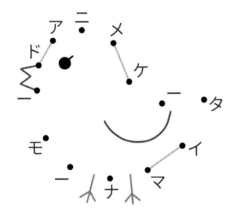

⭐ 단어를 읽고 의미를 맞혀 보세요.   **tip** カタカナ(가타카나)에서 '‒'은 장음 표기.

❶ ゲーム   ❷ メニュー   ❸ ニュース   ❹ シャツ   ❺ ジュース

[   ]   [   ]   [   ]   [   ]   [   ]

정답 ▶▶▶ 부록 223쪽

⭐ 두 줄(ラ행, ワ행) 외우기!

ラ [ra] ら	リ [ri] り	ル [ru] る	レ [re] れ	ロ [ro] ろ
ワ [wa] わ		ヲ [wo] を		ン [n] ん

⭐ 가타카나를 비교하며 써 보세요.

[る] _____   [れ] _____   [ひ] _____

[ん] _____   [そ] _____

[わ] _____   [く] _____   [う] _____

⭐ 단어를 읽고 의미를 맞혀 보세요.   **tip** カタカナ(가타카나)에서 '−'은 장음 표기.

❶ テレビ   ❷ クリック   ❸ ウイルス   ❹ レストラン   ❺ シャワー

[   ]   [   ]   [   ]   [   ]   [   ]

정답 ▶▶▶ 부록 224쪽

🔊 08_6.mp3

- 가타카나에서는 アイウエオ를 작게 써서 함께 발음할 수 있다.

ウィ [wi]	ウェ [we]	ウォ [wo]	イェ [ye]
[우] + [이] → [위]	[우] + [에] → [웨]	[우] + [오] → [워]	[이] + [에] → [예]

▶ 모음 뒤에 작은 모음이 올 경우, 두 모음을 함께 발음한다.

⭐ 단어를 읽어 보세요.

❶ 위스키
ウィスキー

❷ 원(한국 화폐 단위)
ウォン

❸ 예스(yes)
イェース

ティ [ti]	ディ [di]	トゥ [two]	ドゥ [dwo]
[테] + [이] → [티]	[데] + [이] → [디]	[토] + [우] → [투]	[도] + [우] → [두]

▶ 앞 글자의 자음과 뒤 글자의 모음을 강하게 발음한다.

ファ [fa]	フィ [fi]	フェ [fe]	フォ [fo]
[후] + [아] → [화]	[후] + [이] → [휘]	[후] + [에] → [훼]	[후] + [오] → [훠]

▶ 앞 글자의 자음과 뒤 글자의 모음을 강하게 발음한다.

⭐ 단어를 읽어 보세요.

❶ 카페
カフェ

❷ 파티
パーティー

❸ 디즈니랜드
ディズニーランド

★ 음성을 듣고, 올바른 가타카나를 골라 보세요.

예

❶ チズ　　　　②チーズ　　　　❸ チズー　　　　❹ チイズウ

1

❶ コルプ　　　　❷ コルフ　　　　❸ ゴルプ　　　　❹ ゴルフ

2

❶ アプリカ　　　　❷ アフリカ　　　　❸ エプリカ　　　　❹ エフリカ

3

❶ コーヒー　　　　❷ コーピー　　　　❸ コービー　　　　❹ コピ

4

❶ ダイオト　　　　❷ ダイアト　　　　❸ ダイエト　　　　❹ ダイエット

5

❶ ディザト　　❷ ディザート　　❸ デザト　　❹ デザート

6

❶ クイズ　　❷ クイーズ　　❸ キズ　　❹ キーズ

7

❶ スマトポン　❷ スマートポン　❸ スマトフォン　❹ スマートフォン

8

❶ ハンバーガー　❷ ハンバーグ　❸ ヘンボーゴ　❹ ヘンバーガー

정답 ▶▶▶ 부록 224쪽

★ 이름을 가타카나로 써 보세요.

<ruby>私<rt>わたし</rt></ruby> の<ruby>名前<rt>な まえ</rt></ruby>は＿＿＿＿＿＿＿＿＿＿＿＿＿です。

9과

に かい
2階にトイレがあります。

2층에 화장실이 있습니다.

9과 포인트강의 　9과 음원 듣기

かるがる たんご 15
카루가루 단어 15

🎧 09_1.mp3

上 うえ 위	**下** した 아래	**前** まえ 앞	**後ろ** うし 뒤	**近く** ちか 근처

中 なか 안	**外** そと 밖	**右** みぎ 오른쪽	**左** ひだり 왼쪽	**間** あいだ 사이
そば 옆	**となり** 옆	**駅ビル** えき 역 건물	**花屋** はな や 꽃집	**トイレ** 화장실

↳ そば는 손에 닿을 정도의 가장 가까운 위치

↳ となり는 같은 종류가 옆에 위치

그 외에 알아두면 좋은 단어

本屋 ほん や 서점　　**パン屋** や 빵집　　**コインロッカー** 물품 보관함

コンビニ 편의점　　**デパート** 백화점　　**学校** がっこう 학교

카루가루 포인트

1

무생물 식물	+	**あります** 있습니다 **ありません** 없습니다

- 책이 있습니다.　本^{ほん}があります。
- 책이 없습니다.　本^{ほん}がありません。
- 꽃이 있습니다.　花^{はな}があります。
- 꽃이 없습니다.　花^{はな}がありません。

사람 동물	+	**います** 있습니다 **いません** 없습니다

- 사람이 있습니다.　人^{ひと}がいます。
- 사람이 없습니다.　人^{ひと}がいません。
- 고양이가 있습니다.　ねこがいます。
- 고양이가 없습니다.　ねこがいません。

2

へや 방	**えき** 역	**どこ** 어디

⬇　~에(장소)　**～に**

例　へやに　　　　　　えきに　　　　　　どこに
　　방에　　　　　　　역에　　　　　　　어디에

3

명 층 **何階**				
1층	2층	3층	4층	5층
いっかい **1 階**	に かい **2 階**	さんがい **3 階**	よんかい **4 階**	ご かい **5 階**
6층	7층	8층	9층	10층
ろっかい **6 階**	ななかい **7 階**	はっかい　はちかい **8 階(８階)**	きゅうかい **9 階**	じゅっかい **１０階**

4

はこ 상자	→	**はこのうえに** 상자의 위에
えき 역	→	**えきのにかいに** 역의 2층에

- 고양이는 어디에 있습니까?

  ねこはどこにいますか。

- 고양이는 상자의 위에 있습니다.

  ねこははこの上にいます。

- 화장실은 몇 층에 있습니까?

  トイレは何階にありますか。

- 화장실은 역의 2층에 있습니다.

  トイレは駅の２階にあります。

🐢 카루가루 연습1

1

고양이가 있습니까?	ねこが (ⓐいます / ⓑあります)か。
책이 있습니까?	本が (ⓐいます / ⓑあります)か。
꽃이 있습니다.	花が (ⓐいます / ⓑあります)。
사람이 있습니다.	人が (ⓐいます / ⓑあります)。
선생님이 없습니다.	先生が (ⓐいません / ⓑありません)。
시간이 없습니다.	時間が (ⓐいません / ⓑありません)。

2

방에 고양이가 있습니다.	へやにねこがいます。
화장실 사람	トイレ 人
앞 개	前 いぬ
옆 선생님	となり 先生

정답 ▶▶▶   1 ⓐ-ⓑ-ⓑ-ⓐ-ⓐ-ⓑ

3

서점에 책이 있습니다.

本屋に本があります。

꽃집	꽃

花屋　花

근처	백화점

近く　デパート

아래	편의점

下　コンビニ

4

책이 가방(의) 안에 있습니다.

本がかばんの中にあります。

시계	오른쪽

時計　右

시계	왼쪽

時計　左

노트와 잡지	사이

ノートと雑誌　間

9과 쉐도잉 훈련

<**駅ビル** 역 건물>

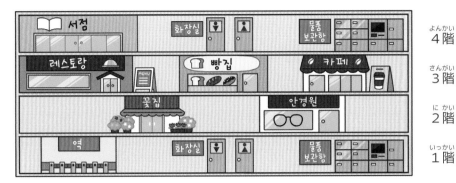

예 花屋

A: 저기요. 꽃집은 몇 층에 있습니까?　すみません。花屋は何階にありますか。

B: 2층입니다. 안경원의 옆에 있습니다.　2階です。めがね屋のとなりにありますよ。

1　**本屋**

2　**パン屋**

3　**レストラン**

4　**トイレ**

5　**コインロッカー**

정답 ▶▶▶ 부록 224쪽

たんご

本屋 서점　|　トイレ 화장실　|　コインロッカー 물품 보관함　|　レストラン 레스토랑

パン屋 빵집　|　カフェ 카페　|　**花屋** 꽃집　|　めがね**屋** 안경원　|　**駅** 역

<街 거리>

예 めがね屋

A: 실례합니다. 이 근처에 안경원이 있습니까?   すみません。この近くにめがね屋がありますか。

B: 안경원이요? 아, 편의점의 위에 있습니다.   めがね屋ですか。あ、コンビニの上にありますよ。

A: 그렇습니까? 감사합니다.   そうですか。ありがとうございます。

1 **コンビニ**

2 **ＡＴＭ**

3 **三木さん**

4 **ホテル**

5 **花屋**

6 **いぬ**

정답 ▶▶▶ 부록 225쪽

たんご

ホテル 호텔 | デパート 백화점 | コンビニ 편의점 | 銀行 은행
ＡＴＭ 현금 자동 입출금기 | 学校 학교

友だちと **ペラペラ**

친구와 술술

[그림 A] 나의 개는 어디?　　わたしのいぬはどこ！

1. 나는 [**그림 A**], 친구는 [**그림 B**]를 보며 일본어로 묻고 대답하기.

2. 친구의 설명을 듣고 [**그림 A**]의 알맞은 위치에 그려 보기.

| 그림 A |

 いぬ
개

 時計
시계

 オレンジ
오렌지

 くつ
구두

힌트

A: いぬはどこにいますか。　　개는 어디에 있어요?

A: くつはどこにありますか。　구두는 어디에 있어요?

ソファ 소파 ｜ テレビ 텔레비전(TV) ｜ まど 창문 ｜ ベッド 침대 ｜ テーブル 테이블

いす 의자 ｜ ワイングラス 와인 잔 ｜ りんご 사과 ｜ うさぎ 토끼 ｜ ねこ 고양이

雑誌 잡지 ｜ バナナ 바나나 ｜ カップ (머그)컵

 **술술 연습**

ペラペラ れんしゅう

友だちと ペラペラ
친구와 술술

[그림 B] 나의 고양이는 어디?   わたしのねこはどこ！

1. 나는 [그림 B], 친구는 [그림 A]를 보며 일본어로 묻고 대답하기.

2. 친구의 설명을 듣고 [그림 B]의 알맞은 위치에 그려 보기.

| 그림 B |

 ねこ
고양이

 雑誌
잡지

 バナナ
바나나

 カップ
컵

힌트

A: ねこはどこにいますか。   고양이는 어디에 있어요?

A: バナナはどこにありますか。   바나나 어디에 있어요?

ソファ 소파 ｜ テレビ 텔레비전(TV) ｜ まど 창문 ｜ ベッド 침대 ｜ テーブル 테이블

いす 의자 ｜ ワイングラス 와인 잔 ｜ りんご 사과 ｜ うさぎ 토끼 ｜ いぬ 개

時計 시계 ｜ オレンジ 오렌지 ｜ くつ 구두

$$\boxed{\text{メモ}}$$

金： 三木さん、この近くに花屋がありますか。

三木： はい、有名な花屋があります。これが店の写真です。

金： わー！すてきですね。この店はどこにありますか。

三木： 駅ビルの中にあります。３階です。

金： 駅ビルの３階ですね。ありがとうございます。

たんご

この 이 ｜ 近く 근처 ｜ 〜に ~에 ｜ 花屋 꽃집 ｜ あります 있습니다
有名だ 유명하다 ｜ 店 가게 ｜ 写真 사진 ｜ すてきだ 멋지다 ｜ どこ 어디
駅ビル 역 건물 ｜ ３階 3층

김 : 미키 씨, 이 근처에 꽃집이 있습니까?

미키 : 네, 유명한 꽃집이 있습니다. 이것이 가게의 사진입니다.

김 : 와~! 멋지네요. 이 가게는 어디에 있습니까?

미키 : 역 건물 안에 있습니다. 3층입니다.

김 : 역 건물 3층이군요. 감사합니다.

〈駅ビル 역 건물〉

• 일본은 역 중심으로 상권이 발달한 계획도시가 많다. 역 빌딩은 단순히 역의 기능뿐 아니라 상가, 백화점, 호텔, 문화시설 등 다양한 생활 문화 공간으로 이용되고 있다.

✏️ 음성을 들으며 일본어로 빈칸을 채워 써 보자.

金_{きむ}：　三木_{みき}さん、この近_{ちか}くに花屋_{はなや}が＿＿＿＿＿＿か。

三木_{みき}：　はい、有名_{ゆうめい}な花屋_{はなや}があります。これが店_{みせ}の写真_{しゃしん}です。

金_{きむ}：　わー！すてきですね。この店_{みせ}は＿＿＿＿＿＿＿＿か。

三木_{みき}：　＿＿＿＿＿＿＿＿にあります。＿＿＿＿＿です。

金_{きむ}：　＿＿＿＿＿＿＿＿ですね。ありがとうございます。

✏️ 일본어를 모두 채워 쓴 후, 우리말 해석을 써 보자.

김:

미키:

김:

미키:

김:

1000

せん
1000

2000

にせん
2000

3000

さんぜん
3000

4000

よんせん
4000

5000

ごせん
5000

6000

ろくせん
6000

7000

ななせん
7000

8000

はっせん
8000

9000

きゅうせん
9000

⭐ 금액을 읽어 보자.

1,980円 →

2,980円 →

3,980円 →

6,750円 →

ぜいこみ
税込(세금 포함) 7,425円 →

정답 ▶▶▶ 부록 227쪽

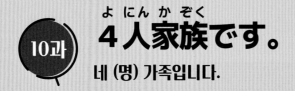

10과

<ruby>4<rt>よ</rt></ruby><ruby>人<rt>にん</rt></ruby><ruby>家<rt>か</rt></ruby><ruby>族<rt>ぞく</rt></ruby>です。

네 (명) 가족입니다.

 10과 포인트강의   10과 음원 듣기

かるがる **たんご 13**

카루가루 단어 13

🔊 **10_1.mp3**

· <ruby>家族<rt>かぞく</rt></ruby> 나의 가족 / 남의 가족

<ruby>父<rt>ちち</rt></ruby> / お<ruby>父<rt>とう</rt></ruby>さん
아버지

<ruby>母<rt>はは</rt></ruby> / お<ruby>母<rt>かあ</rt></ruby>さん
어머니

<ruby>夫<rt>おっと</rt></ruby> / ご<ruby>主人<rt>しゅじん</rt></ruby>
남편

<ruby>妻<rt>つま</rt></ruby> / <ruby>奥<rt>おく</rt></ruby>さん
부인

<ruby>兄<rt>あに</rt></ruby> / お<ruby>兄<rt>にい</rt></ruby>さん
형, 오빠

<ruby>姉<rt>あね</rt></ruby> / お<ruby>姉<rt>ねえ</rt></ruby>さん
언니, 누나

むすこ / むすこさん　むすめ / むすめさん
아들　　　　　　　딸

<ruby>弟<rt>おとうと</rt></ruby> / <ruby>弟<rt>おとうと</rt></ruby>さん
남동생

<ruby>妹<rt>いもうと</rt></ruby> / <ruby>妹<rt>いもうと</rt></ruby>さん
여동생

そふ / おじいさん　そぼ / おばあさん
할아버지　　　　　할머니

まご / おまごさん
손자, 손녀

그 외에 알아두면 좋은 단어

<ruby>兄弟<rt>きょうだい</rt></ruby> 형제　　　　　　<ruby>子<rt>こ</rt></ruby>ども 아이/어린이　　　　　　ペット 반려동물

카루가루 포인트

1

	명 人	마리 匹
1	ひとり	いっぴき
2	ふたり	にひき
3	さんにん	さんびき
4	よにん	よんひき
5	ごにん	ごひき
6	ろくにん	ろっぴき
7	ななにん	ななひき
8	はちにん	はっぴき
9	きゅうにん	きゅうひき
10	じゅうにん	じゅっぴき
몇	なんにん	なんびき

2

かぞく	きょうだい	こども	ペット
가족	형제	아이/어린이	반려동물

- 몇 (명) 가족입니까?　何人家族ですか。
- 몇 (명) 형제입니까?　何人兄弟ですか。
- 아이는 몇 (명) 있습니까?　子どもは何人いますか。
- 반려동물은 몇 마리 있습니까?　ペットは何匹いますか。

1

미키 씨는 형이 있습니까?

三木<ruby>み<rt>き</rt></ruby>さんはお兄<rt>にい</rt>さんがいますか。

누나	お姉<rt>ねえ</rt>さん
남동생	弟<rt>おとうと</rt>さん
여동생	妹<rt>いもうと</rt>さん
아들	むすこさん
딸	むすめさん

2

저는 오빠가 있습니다.

私<rt>わたし</rt>は兄<rt>あに</rt>がいます。

언니	姉<rt>あね</rt>
남동생	弟<rt>おとうと</rt>
여동생	妹<rt>いもうと</rt>
아들	むすこ
딸	むすめ

3

미키 씨는
할아버지와 할머니가 있습니까?

三木さんは
おじいさんとおばあさんがいますか。

| 누나 | 형 | お姉<rt>ねえ</rt>さん | お兄<rt>にい</rt>さん |
| 여동생 | 남동생 | 妹<rt>いもうと</rt>さん | 弟<rt>おとうと</rt>さん |

4

저는 할아버지와 할머니가 있습니다.

私<rt>わたし</rt>はそふとそぼがいます。

| 언니 | 오빠 | 姉<rt>あね</rt> | 兄<rt>あに</rt> |
| 여동생 | 남동생 | 妹<rt>いもうと</rt> | 弟<rt>おとうと</rt> |

10과 쉐도잉 훈련

<中山さんの家族の写真 나카야마 씨의 가족사진>

예 お父さん

기무라: 나카야마 씨의 아버지는 어디에 있습니까?

나카야마: 아빠는 형 앞에 있습니다.

木村 : 中山さんのお父さんはどこにいますか。

中山 : 父は兄の前にいます。

1 お兄さん

2 お姉さん

3 小さいねこ

4 お母さん

정답 ▶▶▶ 부록 227쪽

예 (4人 / 姉1人 / X)

姉　私

A: 몇 명 가족입니까?

B: 4명 가족입니다.

A: 형제는 있습니까?

B: 네, 있습니다. 언니가 한 명 있습니다.

A: 반려동물은 있습니까?

B: 아니요, 없습니다.

A: 何人家族ですか。

B: 4人家族です。

A: 兄弟はいますか。

B: はい、います。姉が1人います。

A: ペットはいますか。

B: いいえ、いません。

1

私

2

弟2人　私

3

犬　私　兄　犬

4

ねこ　私　犬

정답 ▶▶▶ 부록 228쪽

미래의 가족　　　みらいのかぞく

1. 10년 후의 상상 속 가족을 일본어로 묻고 대답하기.

2. 친구의 설명을 듣고 친구의 가족을 [**그림장**]에 정성껏 그려 보기.

❙　**그림장**　❙

🗨 **힌트**

A : ○○さんは何人家族ですか。　　　○○ 씨는 몇 명 가족인가요?

A : 兄弟はいますか。　　　형제는 있나요?

A : 奥さん (ご主人) はいますか。　　　부인(남편)은 있나요?

A : ペットはいますか。　　　반려동물은 있나요?

金:　これ、三木さんの家族の写真ですか。

三木:　はい、私の家族の写真です。

金:　三木さんは４人家族ですか。

三木:　はい、４人家族です。それから犬も２匹います。

金:　この方はお兄さんですか。

三木:　いいえ、弟です。

たんご

家族 가족　｜　写真 사진　｜　４人 네 명　｜　～匹 ~마리　｜　います 있습니다
この方 이분　｜　お兄さん 형님　｜　弟 남동생

김 : 이것, 미키 씨의 가족사진입니까?

미키 : 네, 저의 가족사진입니다.

김 : 미키 씨는 4명 가족입니까?

미키 : 네, 4명 가족입니다. 그리고 개도 2마리 있습니다.

김 : 이 분은 형님입니까?

미키 : 아니요, 남동생입니다.

- '개'를 일컫는 다양한 표현 → 犬(いぬ) · ワンちゃん · わんこ · 子犬(こいぬ)(강아지)

- '고양이'를 일컫는 다양한 표현 → 猫(ねこ) · 猫(ねこ)ちゃん · ニャンコ · 子猫(こねこ)(아기 고양이)

✏️ 음성을 들으며 일본어로 빈칸을 채워 써 보자.

金(きむ)：　これ、三木(みき)さんの家族(かぞく)の写真(しゃしん)ですか。

三木(みき)：　はい、私(わたし)の家族(かぞく)の写真(しゃしん)です。

金(きむ)：　三木(みき)さんは＿＿＿＿＿＿＿ですか。

三木(みき)：　はい、＿＿＿＿＿＿です。それから犬(いぬ)も＿＿＿＿＿います。

金(きむ)：　この方(かた)は＿＿＿＿＿＿＿ですか。

三木(みき)：　いいえ、＿＿＿＿＿＿＿です。

✏️ 일본어를 모두 채워 쓴 후, 우리말 해석을 써 보자.

김:

미키:

김:

미키:

김:

미키:

⭐ 연수를 읽어 보자.

몇 년 何年 なんねん	몇 년생 何年生まれ なんねん う	몇 학년 何年生 なんねんせい
1년 1年 ねん	2001년생 2001年生まれ ねん う	1학년 1年生 ねんせい
2년 2年 ねん	2002년생 2002年生まれ ねん う	2학년 2年生 ねんせい
3년 3年 ねん	2003년생 2003年生まれ ねん う	3학년 3年生 ねんせい
4년 4年 ねん	2004년생 2004年生まれ ねん う	4학년 4年生 ねんせい
…	…	

▶ 단, 4년은 よねん   *よんねん (X)

정답 ▶▶▶ 부록 229쪽

⭐ 연수를 사용해 대화해 보자.

• 지금은 몇 년인가요?

• 당신은 몇 년생인가요?

• 다시 학창 시절로 돌아갈 수 있다면 언제로 돌아가고 싶은가요?

힌트 ────────────────────────────────

小学校 1 年生の時   초등학교 1학년 때
しょうがっこう いち ねんせい とき

中学校 2 年生の時   중학교 2학년 때
ちゅうがっこう に ねんせい とき

高校 3 年生の時   고등학교 3학년 때
こうこう さんねんせい とき

大学 4 年生の時   대학교 4학년 때
だいがく よ ねんせい とき

旅行はどうでしたか。
여행은 어땠습니까?

 11과 포인트강의 11과 음원 듣기

카루가루 단어 15
かるがる たんご 15

🔊 11_1.mp3

天気
날씨

雨
비

雪
눈

晴れ
맑음

旅行
여행

旅館
일본 전통 여관

簡単だ
간단하다

幸せだ
행복하다

すてきだ
멋지다

難しい
어렵다

怖い
무섭다

楽しい
즐겁다

うれしい
기쁘다

うらやましい
부럽다

暑い
덥다

그 외에 알아두면 좋은 단어

昨日 어제　　　**今日** 오늘　　　**明日** 내일

温泉 온천　　　**お寺** 절　　　**テスト** 시험　　　**授業** 수업

1

명사

あめでした　　　　　　　　　　　　　あめじゃなかったです
　　　　　　　　　　　　　⟷　　　　あめじゃありませんでした

비였습니다　　　　　　　　　　　　　비가 아니었습니다

2

な형용사

かんたんでした　　　　　　かんたんじゃなかったです
　　　　　　　　　　　　⟷　　　　かんたんじゃありませんでした

간단했습니다　　　　　　　　　　　간단하지 않았습니다

3

い형용사

あつかったです　　　　　　あつくなかったです
　　　　　　　　　　　⟷　　　　あつくありませんでした

더웠습니다　　　　　　　　　　　덥지 않았습니다

▶ いい → よかったです(좋았습니다)　⇔　よくなかったです(좋지 않았습니다)
　　*いかったです(X)　　　　　　　*いくなかったです(X)

4

なんようび
何曜日 무슨 요일

月	火	水	木	金	土	日
월요일	화요일	수요일	목요일	금요일	토요일	일요일
げつようび 月曜日	かようび 火曜日	すいようび 水曜日	もくようび 木曜日	きんようび 金曜日	どようび 土曜日	にちようび 日曜日

5

그저께	어제	오늘	내일	모레
おととい	きのう 昨日	きょう 今日	あした 明日	あさって

• 오늘은 무슨 요일입니까?

きょう　　なんようび
今日は何曜日ですか。

• 내일은 무슨 요일입니까?

あした　　なんようび
明日は何曜日ですか。

• 어제는 무슨 요일이었습니까?

きのう　　なんようび
昨日は何曜日でしたか。

1

오늘은 비입니다.

きょう　 あめ
今日は雨です。

어제는 비였습니다.

きのう　 あめ
昨日は雨でした。

　　 ゆき
눈 雪

　　　 は
맑음 晴れ

　　　　　 てん き
좋은 날씨 いい天気

2

오늘은 행복합니다.

きょう　 しあわ
今日は幸せだです。

어제는 행복했습니다.

きのう　 しあわ
昨日は幸せだでした。

멋지다 **すてきだ**

　　　　　かんたん
간단하다 **簡単だ**

　　　　　たいへん
힘들다 **大変だ**

3

오늘은 즐겁습니다.

きょう　 たの
今日は楽しいです。

어제는 즐거웠습니다.

きのう　 たの
昨日は楽しいかったです。

기쁘다 **うれしい**

무섭다 **こわい**

좋다 **いい**

4

오늘은 비가 아닙니다.
今日は雨じゃないです。
　　　雨じゃありません。

어제는 비가 아니었습니다.
昨日は雨じゃなかったです。
　　　雨じゃありませんでした。

눈 雪
맑음 晴れ
좋은 날씨 いい天気

5

오늘은 행복하지 않습니다.
今日は幸せだじゃないです。
　　　幸せだじゃありません。

어제는 행복하지 않았습니다.
昨日は幸せだじゃなかったです。
　　　幸せだじゃありませんでした。

멋지다 すてきだ
간단하다 簡単だ
힘들다 大変だ

6

오늘은 즐겁지 않습니다.
今日は楽しいくないです。
　　　楽しいくありません。

어제는 즐겁지 않았습니다.
昨日は楽しいくなかったです。
　　　楽しいくありませんでした。

기쁘다 うれしい
무섭다 こわい
좋다 いい

11과쉐도잉 훈련

日本の旅行はどうでしたか。
일본 여행은 어땠습니까?

例 旅行 / 楽しい

A: 여행은 즐거웠습니까?

旅行は楽しかったですか。

B: 네, 즐거웠습니다.

はい、楽しかったです。

B: 아니요, 즐겁지 않았습니다.

いいえ、楽しくなかったです。

いいえ、楽しくありませんでした。

---

1 うどん / おいしい

2 温泉 / いい

3 お寺 / きれいだ

4 旅館 / すてきだ

5 日本 / いい天気

정답 ▶▶▶ 부록 230쪽

おととい	昨日 きのう	今日 きょう
月 げつ	火 か	水 すい
晴れ は +5℃	雨 あめ -10℃	雪 ゆき
楽しい旅行 たの りょこう	むずかしい テスト	授業 じゅぎょう 9:00~13:00 バイト 14:00~20:00

예 A: 어제는 월요일이었습니까?　　昨日は月曜日でしたか。
きのう げつようび

B: 아니요, 월요일이 아니었습니다.　いいえ、月曜日じゃなかったです。
げつようび

（月曜日じゃありませんでした。）
げつようび

화요일이었습니다.　　火曜日でした。
かようび

1　A：おとといは日曜日でしたか。
にちようび

2　A：昨日は雪でしたか。
きのう ゆき

3　A：昨日は天気がよかったですか。
きのう てんき

4　A：おとといは暑かったですか。
あつ

5　A：昨日のテストは簡単でしたか。
きのう かんたん

6　A：おとといの旅行は大変でしたか。
りょこう たいへん

정답 ▶▶▶ 부록 230쪽

友だちと ペラペラ

친구와 술술

최고의 여행지를 서로 공유해 보자.　　どこが一番よかったですか！

ヒント

1. 인생 최고의 여행지?　　　　　　旅行の中でどこが一番よかったですか。

2. 여행지에서 가장 즐거웠던 일은?　　何が一番楽しかったですか。

3. 여행지에서 가장 맛있었던 음식은?　何が一番おいしかったですか。

4. 호텔은 어떤 호텔?　　　　　　　ホテルはどうでしたか。

5. 날씨는 어떤 날씨?　　　　　　　天気はどうでしたか。

| 메모장 |

三木: 愛媛の旅行はどうでしたか。

金: 楽しかったです。とても幸せな旅行でした。

三木: 何が一番よかったですか。

金: 温泉が一番よかったです。特に露天風呂は最高でした。

三木: うらやましいですね。愛媛の天気はどうでしたか。

金: 金曜日は少し寒かったですが、
土曜日と日曜日はいい天気でした。

たんご

愛媛 에히메(일본 지명) | 旅行 여행 | どうでしたか 어땠습니까 | 楽しい 즐겁다
幸せだ 행복하다 | 一番 가장 | 温泉 온천 | 露天風呂 노천탕 | 最高 최고
うらやましい 부럽다 | 天気 날씨 | 少し 조금 | 寒い 춥다 | いい 좋다

미키 : 에히메 여행은 어땠습니까?

김 : 즐거웠습니다. 아주 행복한 여행이었습니다.

미키 : 무엇이 가장 좋았습니까?

김 : 온천이 가장 좋았습니다. 특히 노천탕은 최고였습니다.

미키 : 부럽네요. 에히메의 날씨는 어땠습니까?

김 : 금요일은 조금 추웠지만,
　　토요일과 일요일은 좋은 날씨였습니다.

〈愛媛の道後温泉　에히메의 도고온천〉

• 에히메현에 위치한 3,000년 역사의 도고 온천은 일본에서 가장 오래된 온천이다.

• 진정 효과가 있는 알칼리성 온천수로, 일반인뿐만 아니라 왕족들에게까지 사랑을 받고 있다.

• 1894년~1935년 사이에 지어진 목조 건물은 미로 같은 통로와 이국적인 건축 양식으로 중요 문화재로서
　지정되었다.

• 일본의 유명 애니메이션인 '센과 치히로의 행방불명'의 모델이 되기도 했다.

✏️ 음성을 들으며 일본어로 빈칸을 채워 써 보자.

三木: 愛媛の旅行は_____。

金: _____。とても幸せな旅行でした。

三木: 何が一番よかったですか。

金: 温泉が一番_____。特に露天風呂は最高でした
_____。

三木: うらやましいですね。愛媛の天気は_____。

金: 金曜日は少し_____が、
土曜日と日曜日は_____。

✏️ 일본어를 모두 채워 쓴 후, 우리말 해석을 써 보자.

미키:

김:

미키:

김:

미키:

김:

카루가루 숫자
かるがる すうじ

	만	억
1	いちまん	いちおく
2	にまん	におく
3	さんまん	さんおく
4	よんまん	よんおく
5	ごまん	ごおく
6	ろくまん	ろくおく
7	ななまん	ななおく
8	はちまん	はちおく
9	きゅうまん	きゅうおく

★ 금액을 읽어 보자.

한 번도 틀리지 않고 **예**부터 **❻**까지 한 번에 읽었다면 당신은 '큰 부자가 될 상'이네요!

예	**200엔**	にひゃく円 えん
❶	**2,000엔**	
❷	**20,000엔**	
❸	**200,000엔**	
❹	**2,000,000엔**	
❺	**20,000,000엔**	
❻	**200,000,000엔**	

정답 ▶▶▶ 부록 231쪽

よく渋谷に行きますか。
자주 시부야에 갑니까?

 12과 포인트강의 12과 음원 듣기

かるがる たんご 15
카루가루 단어 15

🎧 12_1.mp3

勉強をする
공부를 하다

学校へ来る
학교에 오다

朝早く起きる
아침 일찍 일어나다

夜遅く寝る
밤늦게 자다

ご飯を食べる
밥을 먹다

パソコンを買う
컴퓨터를 사다

日本に行く
일본에 가다

お水を飲む
물을 마시다

地下鉄に乗る
지하철을 타다

約束がある
약속이 있다

家へ帰る
집에 돌아가다

店に入る
가게에 들어가다

走る
달리다

コンビニ
편의점

そうじ
청소

그 외에 알아두면 좋은 단어

へや 방　　**バス** 버스　　**友だち** 친구　　**インターネット** 인터넷

1リットル 1리터　　**毎日** 매일　　**コーヒー** 커피　　**デザート** 디저트

1   동사 기본형은 단어의 마지막이 [う]단 : う・く・ぐ・す・つ・ぬ・ぶ・む・る

3그룹   딱 2개 ▷ 불규칙 동사이며, 모든 변형을 외워야 하는 동사

する 하다   **くる** 오다

2그룹   [い]단 + る / [え]단 + る

▷ 동사가 る로 끝나며, る 앞에 [이]나 [에] 발음의 모음이 오는 동사

みる 보다   **おきる** 일어나다   **ねる** 자다   **たべる** 먹다
[미]   [끼]   [네]   [베]

1그룹   2그룹, 3그룹이 아닌 나머지

▷ る로 끝나지 않는 동사

かう 사다   **いく** 가다   **のむ** 마시다

▷ る로 끝나지만, 2그룹・3그룹이 아닌 동사

ある 있다   **のる** 타다

★예외 1그룹 동사 (← 2그룹과 같은 형태이지만 1그룹 동사이므로 주의!)

かえる 돌아가다   **はいる** 들어가다   **はしる** 달리다   **しる** 알다

등등…

2

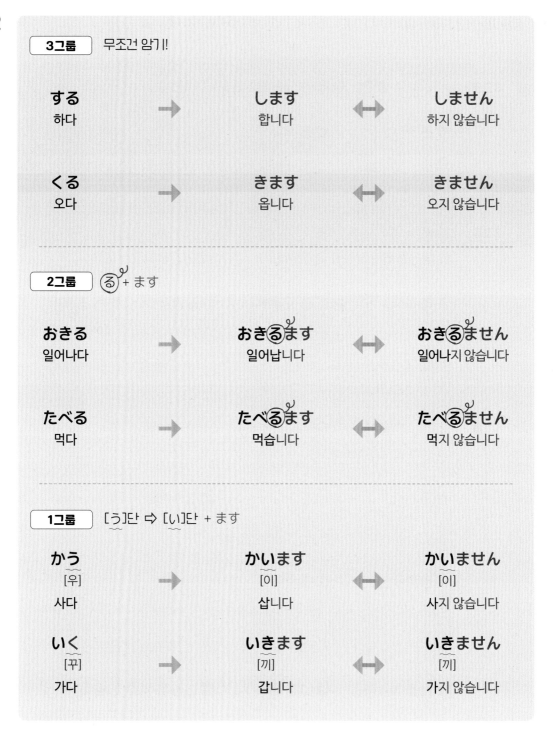

3그룹 무조건 암기!!

する	→	します	↔	しません
하다		합니다		하지 않습니다
くる	→	きます	↔	きません
오다		옵니다		오지 않습니다

2그룹 る + ます

おきる	→	おき る ます	↔	おき る ません
일어나다		일어납니다		일어나지 않습니다
たべる	→	たべ る ます	↔	たべ る ません
먹다		먹습니다		먹지 않습니다

1그룹 [う]단 ⇨ [い]단 + ます

かう	→	かいます	↔	かいません
[우]		[이]		[이]
사다		삽니다		사지 않습니다
いく	→	いきます	↔	いきません
[꾸]		[끼]		[끼]
가다		갑니다		가지 않습니다

▶ ます   ~합니다/~할 겁니다/~하겠습니다
　ません   ~하지 않습니다/~하지 않을 겁니다/~하지 않겠습니다

3

조사	의미	예문	
～は	~은/~는	나는 학생입니다.	_{わたし} _{がくせい} 私 は学生です。
～も	~도	나도 학생입니다.	_{わたし} _{がくせい} 私 も学生です。
～が	① ~이/~가 ②~지만/~인데	① 내가 학생입니다. ② 맛있지만 비쌉니다.	私 が学生です。 おいしいですが、高いです。
～の	①명사 수식 ②~의 ③~것	① 일본 대학입니다. ② 나의 가방입니다. ③ 내 것입니다.	日本の大学です。 私 のかばんです。 私 のです。
～と	~와/~과	책과 노트 주세요.	本とノートください。
～より	~보다	고기보다 생선입니다.	お肉よりお魚です。
～から	① ~에서/~부터 ② ~이니까/~이기 때문에	① 1시부터 2시까지 ② 조용하기때문에 좋아합니다.	1時から2時まで 静かだから好きです。
～まで	~까지	1시부터 2시까지	1時から2時まで
～を	~을/~를	전화를 합니다.	電話をします。
～で	① (장소) ~에서 ② (도구/수단) ~으로 ③ (수량) ~해서	① 일본에서 공부를 합니다. ② 볼펜으로 메모를 합니다. ③ 2시간 해서 얼마입니까?	日本で勉強をします。 ボールペンでメモをします。 2時間でいくらですか。
～に	① (장소) ~에 ② (시간/날짜) ~에 ③ (대상) ~에게	① 일본에 갑니다. ② 5시에 먹습니다. ③ 선생님에게 전화를 합니다.	日本に行きます。 5時に食べます。 先生に電話をします。
～へ	(방향) ~에/~으로	집에 돌아갑니다.	家へ帰ります。

1

3그룹

하다 **する**　　　합니다 **します**　　　하지 않습니다 **しません**

오다 **来^くる**

2

2그룹

일어나다 **起^おきる**　　일어납니다 **起^おきるます**　　일어나지 않습니다 **起^おきるません**

자다 **寝^ねる**

먹다 **食^たべる**

3

1그룹

사다 買う	삽니다 買いい+ます	사지 않습니다 買いい+ません
가다 行く		
이야기하다 話す		
기다리다 待つ		
죽다 死ぬ		
놀다 遊ぶ		
마시다 飲む		
타다 乗る		

4

예외 1그룹

돌아가다 帰る	돌아갑니다 帰るり+ます	돌아가지 않습니다 帰るり+ません
들어가다 入る		
달리다 走る		

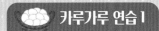

5

| 공부(를) 합니다. | 勉強 / する | → | 勉強(を)します。 |
| 학교(에) 옵니다. | 学校 / 来る | → | |

6

9시(에) 일어납니다.	9時 / 起きる	→
나(의) 방(에서) 잡니다.	私 / へや / 寝る	→
밥(을) 먹습니다.	ごはん / 食べる	→

7

컴퓨터(를) 삽니다.	パソコン / 買う	→
버스(로) 부산(에) 갑니다.	バス / プサン / 行く	→
물(을) 마십니다.	お水 / 飲む	→
지하철(을) 탑니다.	地下鉄 / 乗る	→
5시(에) 집(에) 돌아갑니다.	5時 / 家 / 帰る	→
친구(와) 가게(에) 들어갑니다.	友だち / 店 / 入る	→
4시(에) 달립니다.	4時 / 走る	→

12과 쉐도잉 훈련

정답 ▶▶▶ 부록 232쪽

예 起きる

A: 몇 시에 일어납니까?　何時に起きますか。

B: 7시에 일어납니다.　7 時に起きます。

1 朝ご飯を食べる

2 地下鉄に乗る

3 勉強をする

4 家へ帰る

5 寝る

정답 ▶▶▶ 부록 232쪽

예 コンビニに行^いく

　A: 자주 편의점에 갑니까?

　　よくコンビニに行^いきますか。

　B: 네, 갑니다.

　　はい、行^いきます。

　B: 아니요, 가지 않습니다.

　　いいえ、行^いきません。

＋

예 どこのコンビニ / 近^{ちか}くのコンビニ

　A: 어디의 편의점에 갑니까?

　　どこのコンビニに行^いきますか。

　B: 근처(의) 편의점에 갑니다.

　　近^{ちか}くのコンビニに行^いきます。

---

1 日本料理^{にほんりょうり}を食^たべる ＋ どんな料理^{りょうり}を / とんかつを

2 インターネットで買^かう ＋ 何^{なに}を / 本^{ほん}を

3 お水^{みず}を飲^のむ ＋ 何^{なん}リットルを / １リットルを

4 夜遅^{よるおそ}く寝^ねる ＋ 何時^{なんじ}に / １２時^じに

정답 ▶▶▶ 부록 233쪽

友だちと **ペラペラ**

친구와 술술

친구와 서로 자주 하는 일들을 묻고 답해 보자.　　　とも　　なに
友だちは何をする！

毎日 매일 ｜ よく 자주 ｜ たまに 가끔 ｜ あまり 그다지 ｜ ぜんぜん 전혀

＿＿＿＿＿さん	○/✕	毎日/よく/たまに/あまり/ぜんぜん
コーヒーを飲む		
デザートを食べる		
日本に行く		
勉強をする		
そうじをする		

힌트 ……………………………………………………………………………

A : ○○さんはコーヒーを飲みますか。　　○○ 씨는 커피를 마셔요?

B : はい、飲みます。　　　　　　　　　　네, 마셔요.

A : よく飲みますか。　　　　　　　　　　자주 마셔요?

B : 毎日飲みます。　　　　　　　　　　매일 마셔요.

	○	毎日

정답 ▶▶▶ 부록 234쪽

三木（みき）: 今週（こんしゅう）の土曜日（どようび）は暇（ひま）ですか。

金（きむ）: 土曜日（どようび）は友（とも）だちと渋谷（しぶや）に行（い）きます。

三木（みき）: 渋谷（しぶや）にはよく行（い）きますか。

金（きむ）: 渋谷（しぶや）はおもしろい店（みせ）が多（おお）いから、たまに行（い）きます。

三木（みき）: 日曜日（にちようび）も約束（やくそく）がありますか。

金（きむ）: いいえ。約束（やくそく）はありませんが、

図書館（としょかん）でテストの勉強（べんきょう）をします。

たんご

今週（こんしゅう） 이번 주 ｜ 土曜日（どようび） 토요일 ｜ 暇（ひま）だ 한가하다 ｜ 友（とも）だち 친구 ｜ 渋谷（しぶや） 시부야(일본 지명)
行（い）く 가다 ｜ よく 자주 ｜ おもしろい 재미있다 ｜ 店（みせ） 가게 ｜ 多（おお）い 많다 ｜ 約束（やくそく） 약속
ある 있다 ｜ 図書館（としょかん） 도서관 ｜ テスト 시험 ｜ 勉強（べんきょう） 공부 ｜ する 하다

미키 : 이번 주 토요일은 한가합니까?

김 : 토요일은 친구와 시부야에 갑니다.

미키 : 시부야에는 자주 갑니까?

김 : 시부야는 재미있는 가게가 많기 때문에, 가끔 갑니다.

미키 : 일요일도 약속이 있습니까?

김 : 아니요. 약속은 없지만,
　　　도서관에서 시험공부를 할 겁니다.

• 渋谷(시부야) 키워드

#도쿄의 타임스퀘어 (도쿄의 3대 번화가)

#충견 하치코 상 (죽은 주인을 매일 기다린 충견 하치코의 동상, 만남의 장소로 유명)

#스크램블 교차로 (모든 신호가 한꺼번에 들어오는데, 횡단보도를 건너는 인파가 시부야의 수많은 전광판과
　함께 특유의 분위기를 자아낸다. 사진 뷰로도 유명)

#젊은이들의 거리 (패션, 캐릭터 등 최첨단 유행을 선도하는 곳)

#닌텐도 도쿄, 포켓몬 센터 (최신 게임 소프트웨어 체험, 한정 캐릭터 상품)

#미식 (다양한 맛집과 예쁜 디저트 가게)

✏️ 음성을 들으며 일본어로 빈칸을 채워 써 보자.

三木_{みき}: 今週_{こんしゅう}の土曜日_{どようび}は暇_{ひま}ですか。

金_{きむ}: 土曜日_{どようび}は友_{とも}だちと渋谷_{しぶや}＿＿＿＿＿＿＿＿＿＿＿。

三木_{みき}: 渋谷_{しぶや}には＿＿＿＿＿＿＿＿＿＿＿＿。

金_{きむ}: 渋谷_{しぶや}はおもしろい店_{みせ}が多_{おお}いから、たまに行_いきます。

三木_{みき}: 日曜日_{にちようび}も約束_{やくそく}がありますか。

金_{きむ}: いいえ。約束_{やくそく}はありませんが、

図書館_{としょかん}＿＿＿テストの勉強_{べんきょう}＿＿＿＿＿＿＿＿。

✏️ 일본어를 모두 채워 쓴 후, 우리말 해석을 써 보자.

미키:

김:

미키:

김:

미키:

김:

何月 몇 월			
1월 いちがつ	2월 にがつ	3월 さんがつ	4월 しがつ
5월 ごがつ	6월 ろくがつ	7월 しちがつ	8월 はちがつ
9월 くがつ	10월 じゅうがつ	11월 じゅういちがつ	12월 じゅうにがつ

★ 질문을 읽고 알맞은 달을 대답해 보자.

지금　　　　　은 몇 월이에요?	今　　　　　は何月ですか。
한국의 입학식	韓国の入学式
일본의 입학식	日本の入学式
한국의 졸업식	韓国の卒業式
일본의 졸업식	日本の卒業式

정답 ▶▶▶ 부록 234쪽

★ 친구의 생일인 달을 물어보자.

예　A: OO 씨는 몇 월생이에요?　　OOさんは何月生まれですか。

　　B: 저는 5월생이에요.　　私は5月生まれです。

13과

この映画を見ましたか。
えい が　み

이 영화를 봤습니까?

 13과 포인트강의
 13과 음원듣기

かるがる たんご 15
카루가루 단어 15

🎧 13_1.mp3

運動をする
うんどう
운동을 하다

ごろごろする
뒹굴뒹굴하다

動画を見る
どう が　み
동영상을 보다

単語を覚える
たん ご　おぼ
단어를 외우다

お菓子を食べる
か し　た
과자를 먹다

恋人に会う
こいびと　あ
애인을 만나다

歌を歌う
うた　うた
노래를 부르다

子どもが笑う
こ　わら
아이가 웃다

音楽を聞く
おんがく　き
음악을 듣다

ノートに書く
か
노트에 쓰다

電話で話す
でん わ　はな
전화로 이야기하다

友だちと遊ぶ
とも　あそ
친구와 놀다

本を読む
ほん　よ
책을 읽다

映画館
えい が かん
영화관

ジム
헬스클럽

그 외에 알아두면 좋은 단어

週末 주말
しゅうまつ

ゲーム 게임

デート 데이트

お酒 술
さけ

居酒屋 술집
い ざ か や

1

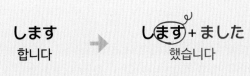

しまず
합니다

➡

しまず + ました
했습니다

➡

しまず + ませんでした
하지 않았습니다

▶ ~まず + ました　　　　~했습니다
　 ~まず + ませんでした　　~하지 않았습니다

☞ 왼쪽의 [카루가루 단어]를 활용하여 다음의 문장들을 연습해 보세요.

• 운동을 했습니까?　　　　　　　運動をしましたか。

• 네, 운동을 했습니다.　　　　　　はい、運動をしました。

• 아니요, 운동을 하지 않았습니다.　いいえ、運動をしませんでした。

2

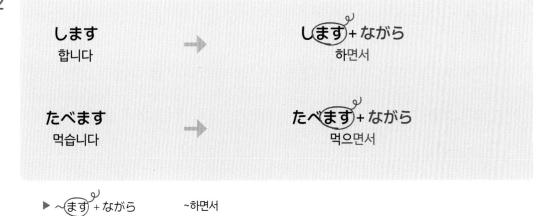

しまず
합니다

➡

しまず + ながら
하면서

たべまず
먹습니다

➡

たべまず + ながら
먹으면서

▶ ~まず + ながら　　　　~하면서

• 전화를 하면서 메모를 합니다.　　電話をしながら、メモをします。

• 과자를 먹으면서 게임을 합니다.　お菓子を食べながら、ゲームをします。

1

3그룹

| 하다 **する** | 했습니다 **しました** | 하지 않았습니다 **しませんでした** |
| 오다 **来る** | | |

2

2그룹

먹다 **食べる**	먹었습니다 **食べるました**	먹지 않았습니다 **食べるませんでした**
보다 **見る**		
외우다 **覚える**		

3

| 1그룹 | | |

만나다 会う	만났습니다 会う い+ました	만나지 않았습니다 会う い+ませんでした
노래하다 歌う		
웃다 笑う		
듣다 聞く		
읽다 読む		
놀다 遊ぶ		
이야기하다 話す		

4

| 예외 1그룹 | | |

달리다 走る	달렸습니다 走る り+ました	달리지 않았습니다 走る り+ませんでした
돌아가다 帰る		
들어가다 入る		

13과 쉐도잉 훈련

정답 ▶▶▶ 부록 234쪽

A: 어제는 무엇을 했습니까?　昨日は何をしましたか。

예 運動をする
B: 운동을 했습니다.
運動をしました。

＋

ジム(　　　)
헬스클럽에서 운동을 했습니다.
ジムで運動をしました。

1 恋人に会う　　＋　　7時(　　　)

2 映画を見る　　＋　　映画館(　　　)

3 かばんを買う　　＋　　デパート(　　　)

4 日本人と話す　　＋　　電話(　　　)

5 歌を歌う　　＋　　カラオケ(　　　)

A: 주말에는 무엇을 합니까?

週^{しゅうまつ}末は何^{なに}をしますか。

예 動^{どう}画^がを見^みる

B: 동영상을 봅니다.

動^{どう}画^がを見^みます。

お菓^か子^しを食^たべる

B: 과자를 먹으면서, 동영상을 봅니다.

お菓^か子^しを食^たべながら、動^{どう}画^がを見^みます。

1  友^{とも}だちと遊^{あそ}ぶ   ゲームをする

2  ごろごろする   本^{ほん}を読^よむ

3  単^{たん}語^ごを覚^{おぼ}える   コーヒーを飲^のむ

4  走^{はし}る   音^{おんがく}楽を聞^きく

정답 ▶▶▶ 부록 235쪽

A: 어제 무엇을 하면서 공부했습니까?

昨日何をしながら勉強をしましたか。
_{きのうなに} _{べんきょう}

예 ジュースを飲む | 音楽を聞く | デートをする
_の _{おんがく} _き

ノートに書く | 動画を見る | お菓子を食べる
_か _{どうが} _み _{かし} _た

예 三木
_{みき}

B: 미키 씨는 주스를 마시면서, 공부를 했습니다.

三木さんはジュースを飲みながら、勉強をしました。
_{みき} _の _{べんきょう}

1 木村　　2 中村　　3 田中　　4 中山　　5 山田
_{きむら} _{なかむら} _{たなか} _{なかやま} _{やまだ}

정답 ▶▶▶ 부록 236쪽

友だちと **ペラペラ**
친구와 술술

알맞은 장소와 연결해 보자.　　ここはどこ！

| 例 | 友<small>とも</small>だちと話<small>はな</small>しながら、お酒<small>さけ</small>を飲<small>の</small>みます。 |

| ❶ | 本<small>ほん</small>を読<small>よ</small>みながら、コーヒーを飲<small>の</small>みます。 |

| ❷ | 犬<small>いぬ</small>と走<small>はし</small>りながら、遊<small>あそ</small>びます。 |

| ❸ | ポップコーンを食<small>た</small>べながら、映画<small>えいが</small>を見<small>み</small>ます。 |

| ❹ | ドラマを見<small>み</small>ながら、運動<small>うんどう</small>をします。 |

映画館<small>えいがかん</small>

本屋<small>ほんや</small>

カフェ

公園<small>こうえん</small>

ジム

居酒屋<small>いざかや</small>

정답 ▶▶▶ 부록 236쪽

たんご

友<small>とも</small>だち 친구 ｜ 話<small>はな</small>す 이야기하다 ｜ お酒<small>さけ</small> 술 ｜ 飲<small>の</small>む 마시다 ｜ 読<small>よ</small>む 읽다 ｜ コーヒー 커피
犬<small>いぬ</small> 개 ｜ 走<small>はし</small>る 달리다 ｜ 遊<small>あそ</small>ぶ 놀다 ｜ ポップコーン 팝콘 ｜ 食<small>た</small>べる 먹다 ｜ 映画<small>えいが</small> 영화
見<small>み</small>る 보다 ｜ ドラマ 드라마 ｜ 運動<small>うんどう</small> 운동 ｜ する 하다 ｜ 本屋<small>ほんや</small> 서점 ｜ カフェ 카페
公園<small>こうえん</small> 공원 ｜ ジム 헬스클럽 ｜ 居酒屋<small>いざかや</small> 술집

三木: このインドの映画を見ましたか。

金: いいえ、見ませんでした。三木さんは見ましたか。

三木: はい、笑いながら見ました。
インドの映画はおどりながら歌うから、おもしろいです。

金: へえ、そうですか。映画館で見ましたか。

三木: いいえ、ジムで運動をしながら見ました。

金: ああ、ジムで笑いながら運動をしましたか。

たんご

インド 인도 | 映画 영화 | 見る 보다 | 笑う 웃다 | おどる 춤추다 | 歌う 노래하다
おもしろい 재미있다 | へえ 와(새로운 정보로 인해 놀라거나 감탄했을 때) | ジム 헬스클럽
運動 운동

미키 : 이 인도 영화를 봤습니까?

김 : 아니요, 안 봤습니다. 미키 씨는 봤습니까?

미키 : 네, 웃으면서 봤습니다.
　　　인도 영화는 춤추면서 노래하기 때문에, 재미있습니다.

김 : 와~ 그렇습니까? 영화관에서 봤습니까?

미키 : 아니요, 헬스클럽에서 운동을 하면서 봤습니다.

김 : 아, 헬스클럽에서 웃으면서 운동을 했습니까?

〈SNS상의 웃음 표시〉

- 笑 : 웃음

- WW : ㅋㅋ (わらい(웃음)의 첫 글자 발음을 따서 사용)

- WWWWW : ㅋㅋㅋㅋㅋ

- 草 : ㅋㅋㅋ (WWW가 잔디 모양과 비슷하여 '풀(草)'을 사용)

- 死ぬW : 죽을만큼 웃기다 (しぬ(죽다) + W)

✏️ 음성을 들으며 일본어로 빈칸을 채워 써 보자.

三木(みき): このインドの映画(えいが)を見(み)ましたか。

金(きむ): いいえ、＿＿＿＿＿＿＿＿＿＿＿。三木(みき)さんは見(み)ましたか。

三木(みき): はい、＿＿＿＿＿＿＿＿見(み)ました。

インドの映画(えいが)は＿＿＿＿＿＿歌(うた)うから、おもしろいです。

金(きむ): へえ、そうですか。映画館(えいがかん)で見(み)ましたか。

三木(みき): いいえ、ジムで運動(うんどう)を＿＿＿＿＿＿見(み)ました。

金(きむ): ああ、ジムで＿＿＿＿＿＿＿運動(うんどう)をしましたか。

✏️ 일본어를 모두 채워 쓴 후, 우리말 해석을 써 보자.

미키:

김:

미키:

김:

미키:

김:

何日 며칠
なんにち

1일	2일	3일	4일	5일	6일	7일
ついたち	ふつか	みっか	よっか	いつか	むいか	なのか

8일	9일	10일	11일	12일	13일	14일
ようか	ここのか	とおか	じゅういちにち	じゅうににち	じゅうさんにち	じゅうよっか

15일	16일	17일	18일	19일	20일	21일
じゅうごにち	じゅうろくにち	じゅうしちにち	じゅうはちにち	じゅうくにち	はつか	にじゅういちにち

22일	23일	24일	25일	26일	27일	28일
にじゅうににち	にじゅうさんにち	にじゅうよっか	にじゅうごにち	にじゅうろくにち	にじゅうしちにち	にじゅうはちにち

29일	30일	31일				
にじゅうくにち	さんじゅうにち	さんじゅういちにち				

⭐ 질문을 읽고 알맞은 날짜를 대답해 보자.

오늘 은 몇 월 며칠이에요?	今日 は何月何日ですか。
내일	明日
일요일	日曜日

きょう / なんがつなんにち
あした
にちようび

생일 은 언제예요?	お誕生日 はいつですか。
개(멍멍멍)의 날	犬(ワンワンワン)の日
고양이(야옹야옹야옹)의 날	ねこ(ニャニャニャ)の日
(좋은) 부부의 날	(いい)夫婦の日
삼겹살의 날	サンギョプサルの日

たんじょうび
いぬ / ひ
ひ
ふうふ / ひ
ひ

정답 ▶▶▶ 부록 236쪽

一緒に行きませんか。
いっしょ に い
함께 가지 않겠습니까?

 14과 포인트강의 14과 음원 듣기

かるがる たんご 15
카루가루 단어 15

🔊 14_1.mp3

ペアルックをする
커플룩을 하다

でん わ
電話をかける
전화를 걸다

なら
テニスを習う
테니스를 배우다

か ぞくりょこう い
家族旅行に行く
가족여행을 가다

こうえん ある
公園を歩く
공원을 걷다

ま
バスを待つ
버스를 기다리다

さけ の
お酒を飲む
술을 마시다

りょうり つく
料理を作る
요리를 만들다

やま のぼ
山に登る
산에 오르다

つか
パソコンを使う
컴퓨터를 사용하다

こんしゅう
今週
이번 주

まいにち
毎日
매일

たんじょう び
誕生日パーティー
생일 파티

どうぶつ
動物
동물

いっしょ
一緒に
함께/같이

그 외에 알아두면 좋은 단어

ディズニーランド 디즈니랜드   **ちょっと** 조금   えい ご じゅぎょう
英語の授業 영어 수업

し ごと
仕事 일   **コンサート** 콘서트   ほんとう
本当に 정말로   ひとり
一人で 혼자서

카루가루 포인트

1

ならいます 배웁니다	→	**ならいます** + たい 배우고 싶다
たべます 먹습니다	→	**たべます** + たい 먹고 싶다

▶ …が(を)〜ます + たい   …을/를 ~하고 싶다   *1, 2인칭에만 사용한다.

- 피아노를 배우고 싶다.　　　　ピアノが(を)習いたい。
- 돈가스를 먹고 싶다.　　　　とんかつが(を)食べたい。

2

たべ + たいです
먹고 싶습니다

→ **たべ** + たくないです
たべ + たくありません
먹고 싶지 않습니다

▶ たいは い형용사와 같은 변형을 한다.

3

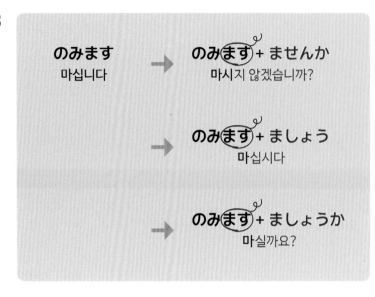

のみます
마십니다

→ **のみます** + **ませんか**
마시지 않겠습니까?

→ **のみます** + **ましょう**
마십시다

→ **のみます** + **ましょうか**
마실까요?

▶ ~ます + ませんか
~하지 않겠습니까?
: 상대의 의향을 모를 경우 사용

▶ ~ます + ましょう
~합시다
: 상대의 의향을 알 경우 사용

▶ ~ます + ましょうか
~할까요?
: 구체적인 제안을 할 경우 사용

- 함께 술을 마시지 않겠습니까?

一緒にお酒を飲みませんか。

- 좋습니다. 마십시다.

いいですね。飲みましょう。

- 언제 마실까요?

いつ飲みましょうか。

- 어디서 마실까요?

どこで飲みましょうか。

- 누구와 마실까요?

だれと飲みましょうか。

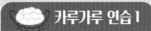
1

하다 **する**	하고 싶다 **しますたい**	하고 싶지 않다 **しますたくない**
오다 **来る**		

2

먹다 **食べる**	먹고 싶다 **食べますたい**	먹고 싶지 않다 **食べますたくない**
걸다 **かける**		
일어나다 **起きる**		

3

배우다 **習う**	배우고 싶다 **習いますたい**	배우고 싶지 않다 **習いますたくない**
가다 **行く**		
걷다 **歩く**		
이야기하다 **話す**		
기다리다 **待つ**		
마시다 **飲む**		
놀다 **遊ぶ**		
만들다 **作る**		
오르다 **登る**		

14과 쉐도잉 훈련

정답 ▶▶▶ 부록 237쪽

A: 당신은 애인과 무엇을 하고 싶습니까?   あなたは恋人と何が(を)したいですか。

예 ディズニーランドに行く

B: 디즈니랜드에 가고 싶습니다.   B: 디즈니랜드에 가고 싶지 않습니다.

ディズニーランドに行きたいです。   ディズニーランドに行きたくないです。

1 毎日電話をかける

2 運動を習う

3 山に登る

4 ペアルックをする

5 恋人の家族に会う

例 歌を歌う

A: 함께 노래를 부르지 않겠습니까?　一緒に歌を歌いませんか。

B: 좋네요. 부릅시다.　いいですね。歌いましょう。

A: 미안합니다. 오늘은 좀….

B: 미안합니다. 오늘은 좀….　すみません。今日はちょっと。

1 日本料理を作る

2 お酒を飲む

3 公園を歩く

4 テニスを習う

5 バスを待つ

정답 ▶▶▶ 부록 237쪽

しちがつ
7月

예 ついたち **1日**	ふつか **2日**	みっか **3日**	よっか **4日**	いつか **5日**	むいか **6日**
えいご じゅぎょう 英語の授業	たんじょうび 誕生日 パーティー	かぞくりょこう 家族旅行	しごと 仕事	デート	

예 がつついたち
7月1日

A: 함께 콘서트에 가지 않겠습니까?

いっしょ　　　　　　　　い
一緒にコンサートに行きませんか。

B: 좋네요. 언제 갈까요?

　　　　　　　　い
いいですね。いつ行きましょうか。

A: 7월 1일은 어떻습니까?

がつついたち
7月1日はどうですか。

B: 미안합니다. 정말 가고 싶지만,

ほんとう　　い
すみません。本当に行きたいですが、

영어 수업이 있습니다.

えいご　　じゅぎょう
英語の授業があります。

---

1 がつふつか
　7月2日

2 がつみっか
　7月3日

3 がつよっか
　7月4日

4 がついつか
　7月5日

정답 ▶▶▶ 부록 238쪽

友だちと **ペラペラ**

친구와 술술

친구에게 딱 맞는 알바를 찾아 주자.　友だちにピッタリのバイト！

힌트

A : バイトは外でしたいですか。　아르바이트는 밖에서 하고 싶어요?

B : はい、外でしたいです。　네, 밖에서 하고 싶어요.

B : いいえ、外でしたくないです。　아니요, 밖에서 하고 싶지 않아요.

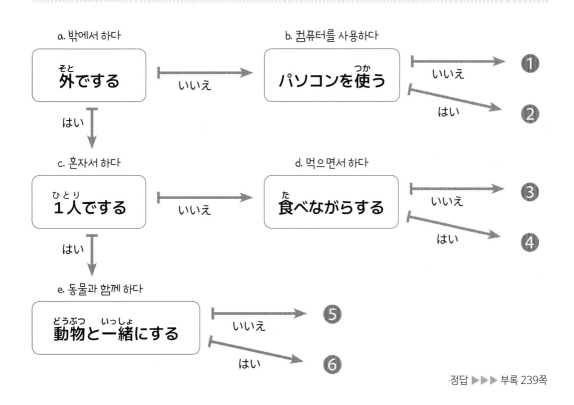

a. 밖에서 하다
外でする
いいえ →

b. 컴퓨터를 사용하다
パソコンを使う
いいえ → ①
はい → ②

はい ↓

c. 혼자서 하다
1人でする
いいえ →

d. 먹으면서 하다
食べながらする
いいえ → ③
はい → ④

はい ↓

e. 동물과 함께 하다
動物と一緒にする
いいえ → ⑤
はい → ⑥

정답 ▶▶▶ 부록 239쪽

① **受付** 안내 데스크　② **ユーチューバー** 유튜버　③ **ならびや** 줄서기

④ **食品テスター** 신상품 시식　⑤ **にんじゃ** 닌자　⑥ **犬の散歩** 강아지 산책

三木: 今週の日曜日、

一緒にディズニーランドへ行きませんか。

金: 日曜日ですか。私も行きたいですが、

日曜日はちょっと…。妹と旅行に行きます。

三木: じゃあ、土曜日はどうですか。

金: 土曜日は大丈夫です。何時に会いましょうか。

三木: 9時に原宿駅の東口前はどうですか。

金: いいですね。そうしましょう。

たんご

今週 이번 주 | 日曜日 일요일 | 一緒に 함께 | ディズニーランド 디즈니랜드
行く 가다 | ちょっと 좀/조금 | 妹 여동생 | 旅行 여행 | 土曜日 토요일
どうですか 어떻습니까 | 大丈夫だ 괜찮다 | 会う 만나다
原宿駅 하라주쿠역(일본의 역 이름) | 東口前 동쪽 출구 앞 | そうしましょう 그렇게 합시다

미키 : 이번 주 일요일,
　　　 함께 디즈니랜드에 가지 않겠습니까?

김 : 일요일입니까? 저도 가고 싶지만,
　　 일요일은 좀…. 여동생과 여행을 갑니다.

미키 : 그럼, 토요일은 어떻습니까?

김 : 토요일은 괜찮습니다. 몇 시에 만날까요?

미키 : 9시에 하라주쿠역 동쪽 출구 앞은 어떻습니까?

김 : 좋네요. 그렇게 합시다.

- 일본 전철역 출구는 '동서남북'으로 표시한다.

- 東口 동쪽 출구　　西口 서쪽 출구　　南口 남쪽 출구　　北口 북쪽 출구

- 出口 출구　　入口 입구

음성을 들으며 일본어로 빈칸을 채워 써 보자.

三木(みき): 今週(こんしゅう)の日曜日(にちようび)、

一緒(いっしょ)にディズニーランドへ＿＿＿＿＿＿＿＿＿＿。

金(きむ): 日曜日(にちようび)ですか。私(わたし)も＿＿＿＿＿＿＿＿＿が、

日曜日(にちようび)はちょっと…。妹(いもうと)と旅行(りょこう)に行(い)きます。

三木(みき): じゃあ、土曜日(どようび)はどうですか。

金(きむ): 土曜日(どようび)は大丈夫(だいじょうぶ)です。何時(なんじ)に＿＿＿＿＿＿＿＿＿＿。

三木(みき): 9時(じ)に原宿駅(はらじゅくえき)の東口前(ひがしぐちまえ)はどうですか。

金(きむ): いいですね。＿＿＿＿＿＿＿＿＿＿。

일본어를 모두 채워 쓴 후, 우리말 해석을 써 보자.

미키:

김:

미키:

김:

미키:

김:

なん か げつ **何ヶ月 몇 개월**			
1개월 いっ か げつ **1ヶ月**	2개월 に か げつ **2ヶ月**	3개월 さん か げつ **3ヶ月**	4개월 よん か げつ **4ヶ月**
5개월 ご か げつ **5ヶ月**	6개월 ろっ か げつ **6ヶ月**	7개월 なな か げつ **7ヶ月**	8개월 はっ か げつ **8ヶ月**
9개월 きゅう か げつ **9ヶ月**	10개월 じゅっ か げつ **10ヶ月**	11개월 じゅういっ か げつ **11ヶ月**	12개월 じゅうに か げつ **12ヶ月**

▶ 4월　しがつ　　　　4개월　よんかげつ

　7월　しちがつ　　　7개월　ななかげつ

　9월　くがつ　　　　9개월　きゅうかげつ

⭐ 개월 수 읽기를 연습해 보자.

2개월　일본어 공부를 했어요.	に ほん ご　　べんきょう **2ヶ月　日本語の勉強をしました。**
10개월	**10ヶ月**
4월부터 4개월	**4月から4ヶ月**
7월까지 7개월	**7月まで7ヶ月**
한국에서 1개월, 일본에서 3개월	かんこく　　　　　　に ほん **韓国で1ヶ月、日本で3ヶ月**
혼자서 5개월, 학교에서 9개월	ひとり　　　　　　　　がっこう **1人で5ヶ月、学校で9ヶ月**

정답 ▶▶▶ 부록 240쪽

15과 ラベンダーを見に行きます。
ラ벤더를 보러 갑니다.

15과 포인트강의   15과 음원 듣기

かるがる たんご 15
카루가루 단어 15

🎧 15_1.mp3

散歩をする (さんぽ)
산책을 하다

告白をする (こくはく)
고백을 하다

つりをする
낚시를 하다

本を借りる (ほん・か)
책을 빌리다

ギターを弾く (ひ)
기타를 치다

雑誌を読む (ざっし・よ)
잡지를 읽다

まつりを楽しむ (たの)
축제를 즐기다

自転車に乗る (じてんしゃ・の)
자전거를 타다

木に登る (き・のぼ)
나무에 오르다

お風呂に入る (ふろ・はい)
목욕을 하다

熱い (あつ)
뜨겁다

広い (ひろ)
넓다

怖い (こわ)
무섭다

買い物 (か・もの)
쇼핑/장보기

花火 (はなび)
불꽃놀이

그 외에 알아두면 좋은 단어

明日 (あした) 내일   **スーパー** 슈퍼마켓   **川** (かわ) 강   **アイスクリーム** 아이스크림

馬 (うま) 말   **かに** 게   **雪** (ゆき) 눈   **ラベンダー** 라벤더

카루가루 포인트

1

▶ ~ます + に行く   ~하러 가다

▶ 동작성 명사 + に行く ~하러 가다

<small>(= 동작을 포함하고 있는 명사로, 주로 동사 する와 함께 사용.)</small>

- (내일은) 무엇을 하러 갑니까?

  (明日は) 何をしに行きますか。

- 친구를 만나러 갑니다.

  友だちに会いに行きます。

- (어제는) 무엇을 하러 갔습니까?

  (昨日は) 何をしに行きましたか。

- 산책하러 갔습니다.

  散歩に行きました。

2

あう 만나다	**たべる** 먹다	**さんぽ** 산책	**かいもの** 쇼핑
⬇	⬇	⬇	⬇
あうことができる 만날 수 있다	**たべることができる** 먹을 수 있다	**さんぽができる** 산책할 수 있다	**かいものができる** 쇼핑할 수 있다

▶ 동사 기본형 + ことができる ~할 수 있다　　▶ 명사 + ができる ~할 수 있다

- 내일 만날 수 있습니까?

- 네, 만날 수 있습니다.

- 아니요, 만날 수 없습니다.

<ruby>明日<rt>あした</rt></ruby><ruby>会<rt>あ</rt></ruby>うことができますか。

はい、<ruby>会<rt>あ</rt></ruby>うことができます。

いいえ、<ruby>会<rt>あ</rt></ruby>うことができません。

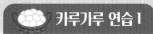
1

산책 散歩	산책하러 가다 散歩に行く	산책하러 갑니다 散歩に行きます
쇼핑 買い物		
운동 運動		
낚시 つり		

2

먹다 食べる	먹으러 가다 食べますに行く	먹으러 갑니다 食べますに行きます
빌리다 借りる		
보다 見る		

3

만나다 会う	만나러 가다 会いますに行く	만나러 갑니다 会いますに行きます
(악기를) 치다 弾く		
이야기하다 話す		
마시다 飲む		
즐기다 楽しむ		
놀다 遊ぶ		
타다 乗る		

15과쉐도잉훈련

정답 ▶▶▶ 부록 240쪽

예 図書館 | 公園 | カフェ | 映画館 | スーパー | 川

+ 예 本を借りる | 映画を見る | 買い物
友だちに会う | つり | 自転車に乗る

A: 내일은 어디에 갑니까?

明日はどこへ行きますか。

예 B: 도서관에 갑니다.

図書館へ行きます。

+

A: 무엇을 하러 갑니까?

何をしに行きますか。

예 B: 책을 빌리러 갑니다.

本を借りに行きます。

1   2   3   4   5

A: 공원에서 무엇을 할 수 있습니까?　公園<ruby>こうえん</ruby>で何<ruby>なに</ruby>ができますか。

예 花火<ruby>はなび</ruby>をする

B: 불꽃놀이를 할 수 없습니다.

花火<ruby>はなび</ruby>(をすること)ができません。

예 雑誌<ruby>ざっし</ruby>を読<ruby>よ</ruby>む

B: 잡지를 읽을 수 있습니다.

雑誌<ruby>ざっし</ruby>を読<ruby>よ</ruby>むことができます。

1 テニス(をする)

2 犬<ruby>いぬ</ruby>と散歩<ruby>さんぽ</ruby>(をする)

3 木<ruby>き</ruby>に登<ruby>のぼ</ruby>る

4 アイスクリームを食<ruby>た</ruby>べる

5 馬<ruby>うま</ruby>に乗<ruby>の</ruby>る

6 自転車<ruby>じてんしゃ</ruby>に乗<ruby>の</ruby>る

7 ギターを弾<ruby>ひ</ruby>く

정답 ▶▶▶ 부록 240쪽

예 〈대게〉
おいしいかにを食べる
맛있는 게를 먹다

1 〈오타루 오르골 공방〉
オルゴールを作る
오르골을 만들다

2 〈언 호수에서의 낚시〉
つりをする
낚시를 하다

3 〈삿포로 눈꽃 축제〉
雪まつりを楽しむ
눈꽃 축제를 즐기다

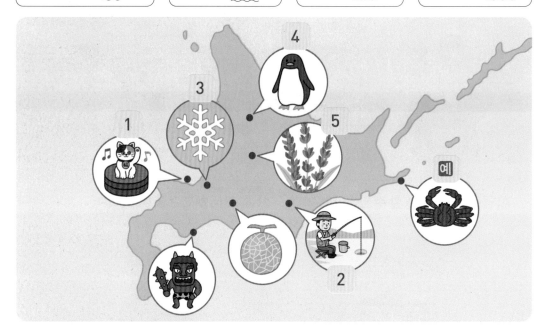

4 〈아사히야마 동물원〉
かわいいペンギンに会う
귀여운 펭귄을 만나다

5 〈라벤더 축제〉
ラベンダーの花を見る
라벤더 꽃을 보다

예 A: 홋카이도는 맛있는 게를 먹을 수 있습니다.

北海道はおいしいかにを食べることができます。

B: 와~, 먹으러 가고 싶군요.

へえ、食べに行きたいですね。

1   2   3   4   5

정답 ▶▶▶ 부록 241쪽

友だちと ペラペラ

친구와 술술

친구는 무엇을 할 수 있는지 물어보자. 友^{とも}だちは何^{なに}ができる！

예		一人^{ひとり}で旅行^{りょこう}に行^いく 혼자서 여행을 가다	O / X
❶		一人^{ひとり}で怖^{こわ}い映画^{えいが}を見^みる 혼자서 무서운 영화를 보다	
❷		熱^{あつ}いラーメンを5分^{ごふん}で食^たべる 뜨거운 라면을 5분 만에 먹다	
❸		好^すきな人^{ひと}に告白^{こくはく}する 좋아하는 사람에게 고백하다	
❹		2時間^{じかん}お風呂^{ふろ}に入^{はい}る 2시간 목욕탕에 들어가다	

정답 ▶▶▶ 부록 242쪽

힌트

A : 一人^{ひとり}で旅行^{りょこう}に行^いくことができますか。 혼자서 여행을 갈 수 있나요?

B : はい、行^いくことができます。 네, 갈 수 있어요. (O)

B : いいえ、行^いくことができません。 아니요, 못 가요. (X)

金: 来週、北海道へ行きます。

三木: 旅行に行きますか。

金: はい、ラベンダーを見に行きます。

それから、温泉とつりにも行きます。

かわいいオルゴールも作りたいです。

三木: 旅行はいつからいつまでですか。

金: 来週の月曜日から２泊３日です。

三木: え、ちょっとちょっと。全部することができますか。

北海道はとても広いですよ。

たんご

来週 다음 주 | 北海道 홋카이도(일본 지명) | 行く 가다 | 旅行 여행

ラベンダー 라벤더 | 見る 보다 | それから 그리고(그러고 나서) | 温泉 온천

つり 낚시 | オルゴール 오르골 | 作る 만들다 | いつ 언제 | 月曜日 월요일

２泊３日 2박 3일 | 全部 전부 | とても 아주/매우 | 広い 넓다

김 : 다음 주, 홋카이도에 갑니다.

미키 : 여행하러 갑니까?

김 : 네, 라벤더를 보러 갑니다.
그리고 온천과 낚시하러도 갈 겁니다.
귀여운 오르골도 만들고 싶습니다.

미키 : 여행은 언제부터 언제까지입니까?

김 : 다음 주 월요일부터 2박 3일입니다.

미키 : 네? 잠깐, 잠깐. 전부 할 수 있습니까?
홋카이도는 아주 넓습니다.

• 北海道の小樽(홋카이도의 '오타루') 키워드

#홋카이도 최초의 중심 도시 (옛 물류 운반의 중심지)
#오타루 운하와 벽돌 창고 (운하를 따라 쭉 지어진 벽돌 창고들이 지금은 개조되어 카페나 가게들로 사용)
#오르골당 (일본 최대 규모의 오르골 전문점, 나만의 오르골도 만들 수 있는 곳)
#오타루 예술촌 (아름답고 웅장한 스탠드 글라스)
#다나카 주조 깃코구라 (견학과 시음도 할 수 있는 1899년 창업한 양조장)
#유명한 디저트 가게가 모여있는 곳 (오타루에서만 맛 볼 수 있는 한정판 디저트)

✏️ 음성을 들으며 일본어로 빈칸을 채워 써 보자.

金：来週、北海道へ行きます。

三木：旅行に行きますか。

金：はい、ラベンダーを＿＿＿＿＿＿＿＿＿＿。

それから、温泉とつりにも行きます。

かわいいオルゴールも作りたいです。

三木：旅行はいつからいつまでですか。

金：来週の月曜日から２泊３日です。

三木：え、ちょっとちょっと。全部＿＿＿＿＿＿＿＿＿か。

北海道はとても広いですよ。

✏️ 일본어를 모두 채워 쓴 후, 우리말 해석을 써 보자.

김:

미키:

김:

미키:

김:

미키:

なんかい 何回 몇 번/몇 회				
한 번/1회	두 번/2회	세 번/3회	네 번/4회	다섯 번/5회
いっかい **1回**	に かい **2回**	さんかい **3回**	よんかい **4回**	ご かい **5回**
여섯 번/6회	일곱 번/7회	여덟 번/8회	아홉 번/9회	열 번/10회
ろっかい **6回**	ななかい **7回**	はちかい はっかい **8回(8回)**	きゅうかい **9回**	じゅっかい **10回**

⭐ 횟수 읽기를 연습해 보자.

하루에 한 번	커피를 마셨어요.	いちにち の 一日(に)1回 コーヒーを飲みました。
일주일에 두 번		しゅう 週 に2回
한 달에 세 번		つき 月 に3回
일 년에 네 번		ねん 年に4回
평생 다섯 번		いっしょう 一生 5回

정답 ▶▶▶ 부록 242쪽

16과

名前を書いてください。

이름을 써 주세요.

16과 포인트강의　16과 음원 듣기

かるがる たんご 15

카루가루 단어 15

🎧 16_1.mp3

右を見る
오른쪽을 보다

左を見る
왼쪽을 보다

漢字を覚える
한자를 외우다

手をあげる
손을 들다

本を閉じる
책을 덮다

本を開く
책을 펼치다

話を聞く
이야기를 듣다

名前を書く
이름을 쓰다

宿題を出す
숙제를 내다

立つ
일어서다

ちゃわんを持つ
밥그릇을 들다

休む
쉬다

いすに座る
의자에 앉다

わかる
알다/이해하다

家へ帰る
집에 돌아가다

그 외에 알아두면 좋은 단어

カタカナ 가타카나　　　**先に** 먼저　　　**席** 자리

1

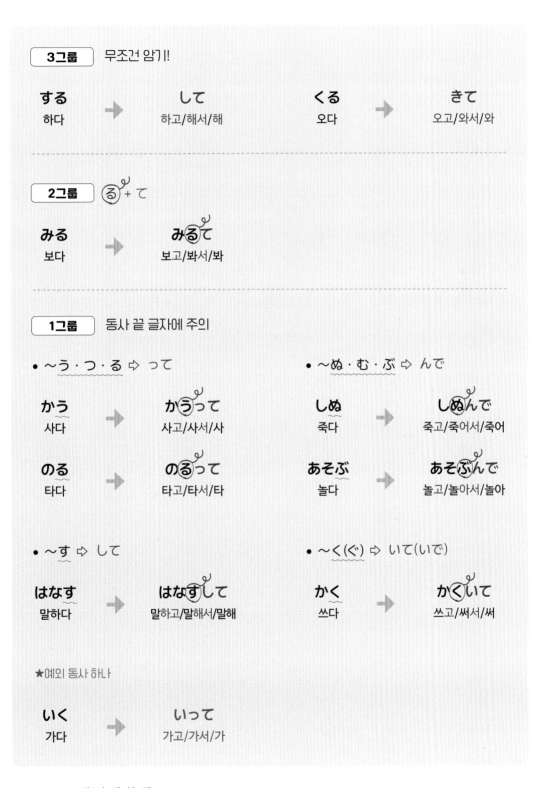

3그룹   무조건 암기!!

| **する** | ➡ | **して** | **くる** | ➡ | **きて** |
| 하다 | | 하고/해서/해 | 오다 | | 오고/와서/와 |

2그룹   る + て

| **みる** | ➡ | **みるて** |
| 보다 | | 보고/봐서/봐 |

1그룹   동사 끝 글자에 주의

● ~**う・つ・る** ⇨ って

| **かう** | ➡ | **かうって** |
| 사다 | | 사고/사서/사 |

| **のる** | ➡ | **のるって** |
| 타다 | | 타고/타서/타 |

● ~**ぬ・む・ぶ** ⇨ んで

| **しぬ** | ➡ | **しぬんで** |
| 죽다 | | 죽고/죽어서/죽어 |

| **あそぶ** | ➡ | **あそぶんで** |
| 놀다 | | 놀고/놀아서/놀아 |

● ~**す** ⇨ して

| **はなす** | ➡ | **はなすして** |
| 말하다 | | 말하고/말해서/말해 |

● ~**く(ぐ)** ⇨ いて(いで)

| **かく** | ➡ | **かくいて** |
| 쓰다 | | 쓰고/써서/써 |

★예외 동사 하나

| **いく** | ➡ | **いって** |
| 가다 | | 가고/가서/가 |

▶ て   ~하고/~해서/~해

2

して 하고/해서/해	→	**して + ください** 해 주세요/하세요
みて 보고/봐서/봐	→	**みて + ください** 봐 주세요/보세요

▶ ～て + ください   ~해 주세요/~하세요

- (제 말을 듣고,) 메모해 주세요.   （私の話を聞いて、）メモしてください。

- (줄거리를 읽고,) 드라마를 보세요.   （あらすじを読んで、）ドラマを見てください。

1

3그룹

하다 **する** ┊ 하고/해서/해 **して**

오다 **来る**

2

2그룹

보다 **見る** ┊ 보고/봐서/봐 **見るて**

외우다 **覚える**

먹다 **食べる**

3

1그룹

사다 買^かう	사고/사서/사 買^かうって
쓰다 書^かく	
수영하다 泳^{およ}ぐ	
이야기하다 話^{はな}す	
기다리다 待^まつ	
죽다 死^しぬ	
놀다 遊^{あそ}ぶ	
마시다 飲^のむ	
타다 乗^のる	
돌아가다 帰^{かえ}る	
★ 가다 行^いく	

16과 쉐도잉 훈련

정답 ▶▶▶ 부록 242쪽

예 日本語で話す　｜　3 名前をカタカナで書く　｜　1 いすに座る

2 宿題を出す　｜　5 単語を覚える　｜　4 先生の話を聞く

예 A: 일본어로 이야기해 주세요.　　　日本語で話してください。

B: 네, 알겠습니다.　　　　　　　　はい、わかりました。

1

2

3

4

5

정답 ▶▶▶ 부록 243쪽

예 遊ぶ / 先に宿題をする

A: 놀아 주세요.　　　　　　　　　　遊んでください。

B: 네, 알겠습니다.　　　　　　　　　はい、わかりました。

A: 먼저 숙제를 하고, 놀아 주세요.　先に宿題をして、遊んでください。

B: 네, 알겠습니다.　　　　　　　　　はい、わかりました。

1 食べる / 日本ではちゃわんを持つ

2 休む / 家へ帰る

3 よく聞く / 座る

4 話す / 立つ

5 会社に行く / バスに乗る

정답 ▶▶▶ 부록 243쪽

友だちと **ペラペラ**

친구와 술술

'~해 주세요(~하세요)' 게임 「~てください」ゲーム

1. 친구의 말에 맞춰 동작하기.

立^たってください。

座^{すわ}ってください。

本^{ほん}を開^{ひら}いてください。

本^{ほん}を閉^とじてください。

서 주세요.

앉아 주세요.

책을 펴 주세요.

책을 닫아 주세요.

手^てをあげてください。

ペンを持^もってください。

右^{みぎ}を見^みてください。

左^{ひだり}を見^みてください。

손을 올려 주세요.

펜을 들어 주세요.

오른쪽을 봐 주세요.

왼쪽을 봐 주세요.

2. 자신감이 붙으면 응용 게임도 해보기.

힌트

A : １３ページを開^{ひら}いてください。　　13페이지를 펴 주세요.

A : スマホを持^もってください。　　스마트폰을 들어 주세요.

先生: みなさん。今から席に座って、

先生の話をよく聞いてください。

金: はい、わかりました。

先生: 今から単語テストをします。

一番上に名前を書いてください。

金: 名前は漢字で書きますか。

先生: いいえ、カタカナで書いてください。

先に名前を書いて、単語を書いてください。

たんご

みなさん 여러분 | 今から 지금부터 | 席 자리 | 座る 앉다 | 話 이야기 | よく 잘
聞く 듣다 | わかる 알다 | 単語テスト 단어 시험 | 一番 제일 | 上 위 | 名前 이름
書く 쓰다 | 漢字 한자 | 先に 먼저

선생님 : 여러분. 지금부터 자리에 앉아서,
　　　　선생님의 이야기를 잘 들어 주세요.

김 : 네, 알겠습니다.

선생님 : 지금부터 단어 시험을 할 겁니다.
　　　　제일 위에 이름을 써 주세요.

김 : 이름은 한자로 씁니까?

선생님 : 아니요, 가타카나로 써 주세요.
　　　　먼저 이름을 쓰고, 단어를 써 주세요.

〈'말/언어'와 관련된 단어〉

- 単語 단어

- 話 이야기

- 言葉 말

- おしゃべり 수다

✏️ 음성을 들으며 일본어로 빈칸을 채워 써 보자.

先生_{せんせい}: みなさん。今_{いま}から席_{せき}に＿＿＿＿＿＿、

先生_{せんせい}の話_{はなし}をよく＿＿＿＿＿＿＿＿＿。

金_{きむ}: はい、わかりました。

先生_{せんせい}: 今_{いま}から単語_{たんご}テストをします。

一番上_{いちばんうえ}に名前_{なまえ}を＿＿＿＿＿＿＿＿。

金_{きむ}: 名前_{なまえ}は漢字_{かんじ}で書_かきますか。

先生_{せんせい}: いいえ、カタカナで＿＿＿＿＿＿＿＿。

先_{さき}に名前_{なまえ}を書_かいて、単語_{たんご}を＿＿＿＿＿＿＿＿。

✏️ 일본어를 모두 채워 쓴 후, 우리말 해석을 써 보자.

선생님:

김:

선생님:

김:

선생님:

何番目 몇 번째				
첫 번째	두 번째	세 번째	네 번째	다섯 번째
いちばん め **1 番目**	に ばん め **2 番目**	さんばん め **3 番目**	よんばん め **4 番目**	ご ばん め **5 番目**
여섯 번째	일곱 번째	여덟 번째	아홉 번째	열 번째
ろくばん め **6 番目**	ななばん め **7 番目**	はちばん め **8 番目**	きゅうばん め **9 番目**	じゅうばん め **10 番目**

⭐ 밑줄 친 부분을 채워 읽어 보자.

오른쪽에서 두 번째 방입니다. 　　　　右から＿＿＿＿＿＿＿＿のへやです。

세 번째 형은 상냥합니다. 　　　　＿＿＿＿＿＿＿＿の兄は優しいです。

네 번째 줄입니다. 　　　　＿＿＿＿＿＿＿＿の列です。

다섯 번째 역에서 내립니다. 　　　　＿＿＿＿＿＿＿＿の駅で降ります。

정답 ▶▶▶ 부록 244쪽

メモ

쉽고 빠르게

かるがる
카루가루 일본어

1

정답

ひらがな 히라가나

14쪽   ✿ 히라가나를 비교하며 써 보세요.

[키] <u>き</u>   [사] <u>さ</u>   [치] <u>ち</u>

[이] <u>い</u>   [코] <u>こ</u>   [타] <u>た</u>

[우] <u>う</u>   [츠] <u>つ</u>   [치] <u>ち</u>

16쪽   ✿ 히라가나를 비교하며 써 보세요.

[하] <u>は</u>   [호] <u>ほ</u>   [마] <u>ま</u>

[메] <u>め</u>   [누] <u>ぬ</u>

[모] <u>も</u>   [시] <u>し</u>

17쪽   ✿ 히라가나를 비교하며 써 보세요.

[네] <u>ね</u>   [레] <u>れ</u>   [와] <u>わ</u>

18쪽   ✿ 올바른 발음을 듣고, 틀린 히라가나를 고쳐 보세요.

❶ 책 はん → <u>ほん</u>   ❷ 역 えさ → <u>えき</u>   ❸ 개 いめ → <u>いぬ</u>

❹ 자동차 くろま → <u>くるま</u>   ❺ 역사 わきし → <u>れきし</u>

21쪽   ✿ 청음 → 탁음 → 반탁음 순서에 맞춰 점을 이어 보세요.

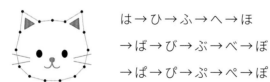

は → ひ → ふ → へ → ほ

→ ば → び → ぶ → べ → ぼ

→ ぱ → ぴ → ぷ → ぺ → ぽ

23쪽   ✿ 알맞은 단어를 찾아 선을 긋고 ☐칸에 요음을 써넣어 보세요.

❶ 의사 — ⓓ いし<u>ゃ</u>

❷ 사전 — ⓔ じし<u>ょ</u>

❸ 300 — ⓐ さんび<u>ゃ</u>く

❹ 숙제 — ⓒ し<u>ゅ</u>くだい

会社員じゃないです。 회사원이 아닙니다.

34쪽　**카루가루 연습 2**

1　A: 김 씨는 한국 분입니까?　　　　　A : 金さんは韓国の方ですか。
　　B: 네, 한국인입니다.　　　　　　　　B : はい、韓国人です。

2　A: 왕 씨는 중국 분입니까?　　　　　A : ワンさんは中国の方ですか。
　　B: 네, 중국인입니다.　　　　　　　　B : はい、中国人です。

3　A: 크리스 씨는 미국 분입니까?　　　A : クリスさんはアメリカの方ですか。
　　B: 네, 미국인입니다.　　　　　　　　B : はい、アメリカ人です。

4　A: 한 씨는 베트남 분입니까?　　　　A : ハンさんはベトナムの方ですか。
　　B: 네, 베트남인입니다.　　　　　　　B : はい、ベトナム人です。

36쪽　**술술 연습**

1　A: 이름은 무엇입니까?　　　　　　　A : お名前は何ですか。
　　B: 저는 김입니다.　　　　　　　　　B : 私は金です。
　　A: 김 씨도 의사입니까?　　　　　　A : 金さんも医者ですか。
　　B: 아니요, 의사가 아닙니다.　　　　B : いいえ、医者じゃないです。
　　　　대학생입니다.　　　　　　　　　　大学生です。

2　A: 이름은 무엇입니까?　　　　　　　A : お名前は何ですか。
　　B: 저는 왕입니다.　　　　　　　　　B : 私はワンです。
　　A: 왕 씨도 가수입니까?　　　　　　A : ワンさんも歌手ですか。
　　B: 아니요, 가수가 아닙니다.　　　　B : いいえ、歌手じゃないです。
　　　　스포츠 선수입니다.　　　　　　　スポーツ選手です。

3　A: 이름은 무엇입니까?　　　　　　　A : お名前は何ですか。
　　B: 저는 크리스입니다.　　　　　　　B : 私はクリスです。
　　A: 크리스 씨도 요리사입니까?　　　A : クリスさんもシェフですか。
　　B: 아니요, 요리사가 아닙니다.　　　B : いいえ、シェフじゃないです。
　　　　은행원입니다.　　　　　　　　　　銀行員です。

카루가루 숫자

✪ 전화번호를 읽어 보자.

한국	몇 번	일본
いちいちに番	범죄 신고	いちいちぜろ番
いちいちきゅう番	화재 신고	いちいちきゅう番
いちさんいち番	일기 예보	いちなななな番

▶ 범죄 신고 번호인 '110번'은 일본에서 관용 표현인 ひゃくとおばん [햐꾸토-방]으로 발음한다.

3과 これは誰のケータイですか。 이것은 누구의 휴대 전화예요?

카루가루 연습 2

1   A: 그것은 무엇입니까?   A：それは何ですか。

     B: 이것은 키(열쇠)입니다.   B：これはかぎです。

     A: 무슨 키입니까?   A：何のかぎですか。

     B: 호텔 키입니다.   B：ホテルのかぎです。

2   A: 그것은 무엇입니까?   A：それは何ですか。

     B: 이것은 잡지입니다.   B：これは雑誌です。

     A: 무슨 잡지입니까?   A：何の雑誌ですか。

     B: 자동차 잡지입니다.   B：車の雑誌です。

3   A: 그것은 무엇입니까?   A：それは何ですか。

     B: 이것은 어플입니다.   B：これはアプリです。

     A: 무슨 어플입니까?   A：何のアプリですか。

     B: 사진 어플입니다.   B：写真のアプリです。

술술 연습

1   A: 이것은 당신의 시계입니까?   A：これはあなたの時計ですか。

     B: 아니요, 내(나의) 시계가 아닙니다.   B：いいえ、私の時計じゃないです。

A: 누구의 시계입니까?　　　　　　　　A：誰の時計ですか。

B: 김 씨의 것입니다.　　　　　　　　　B：金さんのです。

2　A: 이것은 당신의 공입니까?　　　　　A：これはあなたのボールですか。

B: 아니요, 내(나의) 공이 아닙니다.　　B：いいえ、私のボールじゃないです。

A: 누구의 공입니까?　　　　　　　　　A：誰のボールですか。

B: 크리스 씨의 것입니다.　　　　　　　B：クリスさんのです。

3　A: 이것은 당신의 안경입니까?　　　　A：これはあなたのめがねですか。

B: 아니요, 내(나의) 안경이 아닙니다.　B：いいえ、私のめがねじゃないです。

A: 누구의 안경입니까?　　　　　　　　A：誰のめがねですか。

B: 왕 씨의 것입니다.　　　　　　　　　B：ワンさんのです。

53쪽　**카루가루 숫자**

✪ 페이지 수를 읽어 보자.

몇 페이지예요?	何ページですか。
13페이지	じゅうさんページ
27페이지	にじゅうななページ
지금 보고 있는 페이지	ごじゅうさんページ

4과 ぜんぜん高くないです。 **전혀 비싸지 않습니다.**

59쪽　**카루가루 연습 2**

1　B: 이 차는 크지만, 저 차는 크지 않습니다.
　　B：この車は大きいですが、あの車は大きくないです。

2　B: 이 차는 새롭지만, 저 차는 새롭지 않습니다.
　　B：この車は新しいですが、あの車は新しくないです。

3　B: 이 차는 싸지 않지만, 저 차는 쌉니다.
　　B：この車は安くないですが、あの車は安いです。

4 B: 이 차는 작지 않지만, 저 차는 작습니다.

B：この 車 は 小さくないですが、 あの 車 は 小さいです。

5 B: 이 차는 낡지 않았지만, 저 차는 낡았습니다.

B：この 車 は 古くないですが、 あの 車 は 古いです。

60쪽 **술술 연습**

1 A: 어떤 요리입니까?

A：どんな 料理ですか。

B: 매운 요리입니다.

B：辛い 料理です。

2 A: 어떤 요리입니까?

A：どんな 料理ですか。

B: 싼(저렴한) 요리입니다.

B：安い 料理です。

3 A: 어떤 가게입니까?

A：どんな 店ですか。

B: 낡은 가게입니다.

B：古い 店です。

4 A: 어떤 가게입니까?

A：どんな 店ですか。

B: 사람이 많은 가게입니다.

B：人が多い 店です。

5 A: 어떤 가게입니까?

A：どんな 店ですか。

B: 서비스가 좋은 가게입니다.

B：サービスがいい 店です。

65쪽 **카루가루 숫자**

✪ 여러 나라의 현재 시각을 읽어 보자.

❶ A: 이탈리아는 지금 몇 시예요?

A：イタリアは今何時ですか。

B: 이탈리아는 지금 2시예요.

B：イタリアは今に時です。

B: 이탈리아의 로마는 지금 2시예요.

B：イタリアのローマは今に時です。

❷ A: 러시아는 지금 몇 시예요?

A：ロシアは今何時ですか。

B: 러시아는 지금 4시예요.

B：ロシアは今よ時です。

B: 러시아의 모스크바는 지금 4시예요.

B：ロシアのモスクワは今よ時です。

❸ A: 중국은 지금 몇 시예요?

A：中国は今何時ですか。

B: 중국은 지금 9시예요.

B：中国は今く時です。

B: 중국의 북경은 지금 9시예요.

B：中国の北京は今く時です。

❹ A: 베트남은 지금 몇 시예요?

A：ベトナムは今何時ですか。

B: 베트남은 지금 8시예요.

B：ベトナムは今はち時です。

B: 베트남의 하노이는 지금 8시예요.

B：ベトナムのハノイは今はち時です。

5과 有名(ゆうめい)なホテ(て)ル(る)ですか。 유명한 호텔입니까?

71쪽 　카루가루 연습 2

1　❶ 매우 신선합니다.　　　　　　とても新鮮(しんせん)です。

　　❷ 조금 신선합니다.　　　　　　すこし新鮮(しんせん)です。

　　❸ 그다지 신선하지 않습니다.　あまり新鮮(しんせん)じゃないです。

　　❹ 전혀 신선하지 않습니다.　　ぜんぜん新鮮(しんせん)じゃないです。

2　❶ 매우 깨끗합니다.　　　　　　とてもきれいです。

　　❷ 조금 깨끗합니다.　　　　　　すこしきれいです。

　　❸ 그다지 깨끗하지 않습니다.　あまりきれいじゃないです。

　　❹ 전혀 깨끗하지 않습니다.　　ぜんぜんきれいじゃないです。

72쪽 　술술 연습

1　A: 어떤 사람입니까?　　　　　A：どんな人(ひと)ですか。

　　B: 튼튼한 사람입니다.　　　　B：丈夫(じょうぶ)な人(ひと)です。

2　A: 어떤 사람입니까?　　　　　A：どんな人(ひと)ですか。

　　B: 한가한 사람입니다.　　　　B：ひまな人(ひと)です。

3　A: 어떤 꽃입니까?　　　　　　A：どんな花(はな)ですか。

　　B: 예쁜 꽃입니다.　　　　　　B：きれいな花(はな)です。

4　A: 어떤 아르바이트입니까?　　A：どんなアルバイト(あるばいと)ですか。

　　B: 힘든 아르바이트입니다.　　B：大変(たいへん)なアルバイト(あるばいと)です。

5　A: 어떤 아르바이트입니까?　　A：どんなアルバイト(あるばいと)ですか。

　　B: 편한 아르바이트입니다.　　B：楽(らく)なアルバイト(あるばいと)です。

73쪽 　친구와 술술

〈A 호텔〉　　　　　　　　　　〈Aホテ(て)ル(る)〉

・조용한 호텔이 좋아요?　　　　静(しず)かなホテ(て)ル(る)がいいですか。

・깨끗한 호텔이 좋아요?　　　　きれいなホテ(て)ル(る)がいいですか。

・편리한 호텔이 좋아요?　　　　便利(べんり)なホテ(て)ル(る)がいいですか。

　(역에서 가까운 호텔이 좋아요?)　(駅(えき)から近(ちか)いホテ(て)ル(る)がいいですか。)

- 요리가 맛있는 호텔이 좋아요? 　料理がおいしいホテルがいいですか。

〈B 호텔〉　〈Bホテル〉

- 조용한 호텔이 좋아요? 　静かなホテルがいいですか。

- 편리한 호텔이 좋아요? 　便利なホテルがいいですか。

　(역에서 가까운 호텔이 좋아요?) 　(駅から近いホテルがいいですか。)

- 서비스가 좋은 호텔이 좋아요? 　サービスがいいホテルがいいですか。

- 싼(저렴한) 호텔이 좋아요? 　安いホテルがいいですか。

〈C 호텔〉　〈Cホテル〉

- 조용한 호텔이 좋아요? 　静かなホテルがいいですか。

- 깨끗한 호텔이 좋아요? 　きれいなホテルがいいですか。

- 로비가 멋진 호텔이 좋아요? 　ロビーがすてきなホテルがいいですか。

- 요리가 맛있는 호텔이 좋아요? 　料理がおいしいホテルがいいですか。

〈D 호텔〉　〈Dホテル〉

- 깨끗한 호텔이 좋아요? 　きれいなホテルがいいですか。

- 편리한 호텔이 좋아요? 　便利なホテルがいいですか。

　(역에서 가까운 호텔이 좋아요?) 　(駅から近いホテルがいいですか。)

- 서비스가 좋은 호텔이 좋아요? 　サービスがいいホテルがいいですか。

- 싼(저렴한) 호텔이 좋아요? 　安いホテルがいいですか。

77쪽　**카루가루 숫자**

✪ 스케줄표를 보며 시간을 읽어 보자.

❶　A: 영어 수업은 몇 시부터 몇 시까지예요?
　A：英語の授業は何時から何時までですか。

　B: 영어 수업은 8시 30분부터 9시 30분까지예요.
　B：英語の授業ははち時さんじゅっ分からく時さんじゅっ分までです。

❷　A: 일본어 수업은 몇 시부터 몇 시까지예요?
　A：日本語の授業は何時から何時までですか。

　B: 일본어 수업은 10시부터 12시까지예요.
　B：日本語の授業はじゅう時からじゅうに時までです。

❸　A: 점심시간은 몇 시부터 몇 시까지예요?

A：昼休みは何時から何時までですか。

B: 점심시간은 12시 10분부터 1시 10분까지예요.

B：昼休みはじゅうに時じゅっ分からいち時じゅっ分までです。

❹ A: 아르바이트는 몇 시부터 몇 시까지예요?

A：アルバイトは何時から何時までですか。

B: 아르바이트는 4시 15분부터 8시 15분까지예요.

B：アルバイトはよ時じゅうご分からはち時じゅうご分までです。

⑥과 日本のどこが好きですか。 일본의 어디를 좋아합니까?

83쪽 **카루가루 연습 2**

1 A: 기무라 씨는 어떻습니까?

A：木村さんはどうですか。

B: 건강하고 성실합니다.

B：元気でまじめです。

성실하고 건강합니다.

まじめで元気です。

2 A: 나카무라 씨는 어떻습니까?

A：中村さんはどうですか。

B: 친절하고 재미있습니다.

B：親切でおもしろいです。

재미있고 친절합니다.

おもしろくて親切です。

3 A: 나카야마 씨는 어떻습니까?

A：中山さんはどうですか。

B: 밝고 영어를 잘합니다.

B：明るくて英語が上手です。

영어를 잘하고 밝습니다.

英語が上手で明るいです。

84쪽 **술술 연습**

1 A: 저는 에히메를 좋아합니다.

A：私はえひめが好きです。

B: 왜요?

B：どうしてですか。

A: 에히메는 온천이 좋기 때문입니다.

A：えひめは温泉がいいからです。

2 A: 저는 후쿠오카를 좋아합니다.

A：私はふくおかが好きです。

B: 왜요?

B：どうしてですか。

A: 후쿠오카는 라멘이 맛있기 때문입니다.

A：ふくおかはラーメンがおいしいからです。

3 A: 저는 나라를 좋아합니다.

A：私はならが好きです。

B: 왜요?

B：どうしてですか。

	A: 나라는 사슴이 귀엽기 때문입니다.	A：ならはしかがかわいいからです。
4	A: 저는 시즈오카를 좋아합니다.	A：私はしずおかが好きです。
	B: 왜요?	B：どうしてですか。
	A: 시즈오카는 녹차가 유명하기 때문입니다.	A：しずおかはお茶が有名だからです。
5	A: 저는 오키나와를 좋아합니다.	A：私はおきなわが好きです。
	B: 왜요?	B：どうしてですか。
	A: 오키나와는 바다가 예쁘기 때문입니다.	A：おきなわは海がきれいだからです。

85쪽 **친구와 술술**

미키 三木	스포츠를 좋아합니다. スポーツが好きです。
	바다를 좋아합니다. 海が好きです。
	커피를 좋아합니다. コーヒーが好きです。
기무라 木村	스포츠를 좋아합니다. スポーツが好きです。
	커피는 좋아하지만, 술은 싫어합니다.
	コーヒーは好きですが、お酒は嫌いです。
나카무라 中村	스포츠를 싫어합니다. スポーツが嫌いです。
	노래를 좋아합니다. うたが好きです。
	커피도 술도 좋아합니다. コーヒーもお酒も好きです。
나카야마 中山	스포츠를 싫어합니다. スポーツが嫌いです。
	노래를 좋아합니다. うたが好きです。
	산은 좋아하지만, 바다는 싫어합니다. 山は好きですが、海は嫌いです。
야마다 山田	여행을 좋아합니다. 旅行が好きです。
	담배를 싫어합니다. たばこが嫌いです。
	바다도 산도 좋아합니다. 海も山も好きです。

89쪽 **카루가루 숫자**

✪ 과일을 주문해 보자.

❶ 딸기 5개 주세요.   いちごいつつください。

❷ 복숭아 2개 주세요.   ももふたつください。

❸ 수박 4개 주세요.   すいかよっつください。

❹ 배 3개 주세요.   なしみっつください。

7과 **お肉の方が好きです。** 고기 쪽을 좋아합니다.

96쪽 **카루가루 연습 2**

1　A: 스즈키 씨와 사토 씨와 어느 쪽이 입이 작습니까?

　　A：鈴木さんと佐藤さんとどちらが口が小さいですか。

　　B: 스즈키 씨보다 사토 씨 쪽이 입이 작습니다.

　　B：(鈴木さんより)佐藤さんの方が口が小さいです。

2　A: 스즈키 씨와 사토 씨와 어느 쪽이 머리카락이 짧습니까?

　　A：鈴木さんと佐藤さんとどちらが髪が短いですか。

　　B: (사토 씨보다) 스즈키 씨 쪽이 머리카락이 짧습니다.

　　B：(佐藤さんより)鈴木さんの方が髪が短いです。

3　A: 스즈키 씨와 사토 씨와 어느 쪽이 목이 깁니까?

　　A：鈴木さんと佐藤さんとどちらが首が長いですか。

　　B: (스즈키 씨보다) 사토 씨 쪽이 목이 깁니다.

　　B：(鈴木さんより)佐藤さんの方が首が長いです。

4　A: 스즈키 씨와 사토 씨와 어느 쪽이 키가 큽니까?

　　A：鈴木さんと佐藤さんとどちらが背が高いですか。

　　B: (스즈키 씨보다) 사토 씨 쪽이 키가 큽니다.

　　B：(鈴木さんより)佐藤さんの方が背が高いです。

97쪽 **카루가루 연습 2**

1　A: 계절 중에서 언제가 가장 춥습니까?　　A：季節の中でいつが一番寒いですか。

　　B: 겨울이 가장 춥습니다.　　B：冬が一番寒いです。

2　A: 계절 중에서 언제를 가장 좋아합니까?　　A：季節の中でいつが一番好きですか。

　　B: 봄을 가장 좋아합니다.　　B：春が一番好きです。

3　A: 계절 중에서 언제가 가장 하늘이 예쁩니까?　　A：季節の中でいつが一番空がきれいですか。

[자유 대답] B: 가을(봄/여름/겨울)이 가장 예쁩니다.　　B：秋(春/夏/冬)が一番きれいです。

4　A: 계절 중에서 언제가 가장 꽃이 예쁩니까?　　A：季節の中でいつが一番花がきれいですか。

[자유 대답] B: 여름(봄/가을/겨울)이 가장 예쁩니다.　　B：夏(春/秋/冬)が一番きれいです。

98쪽 **술술 연습**

1 A: 생선과 채소와 어느 쪽이 맛있습니까?　　A：お魚と野菜とどちらがおいしいですか。

　 B: (생선보다) 채소 쪽이 맛있습니다.　　　B：(お魚より)野菜の方がおいしいです。

　 A: 채소 요리 중에서 무엇이 가장 맛있습니까?　A：野菜料理の中で何が一番おいしいですか。

　 B: 나물이 가장 맛있습니다.　　　　　　　B：ナムルが一番おいしいです。

2 A: 채소와 고기와 어느 쪽이 맛있습니까?　　A：野菜とお肉とどちらがおいしいですか。

　 B: (채소보다) 고기 쪽이 맛있습니다.　　　B：(野菜より)お肉の方がおいしいです。

　 A: 고기 요리 중에서 무엇이 가장 맛있습니까?　A：お肉料理の中で何が一番おいしいですか。

　 B: 고기구이가 가장 맛있습니다.　　　　　B：焼き肉が一番おいしいです。

99쪽 **친구와 술술**

A: 파마와 스트레이트와 어느 쪽을 좋아해요?　A：パーマとストレートとどちらが好きですか。

A: 긴 머리와 짧은 머리와 어느 쪽을 좋아해요?　A：長いかみと短いかみとどちらが好きですか。

A: 쌍꺼풀과 외까풀과 어느 쪽을 좋아해요?　A：ふたえとひとえとどちらが好きですか。

A: 큰 입과 작은 입과 어느 쪽을 좋아해요?　A：大きい口と小さい口とどちらが好きですか。

103쪽 **카루가루 숫자**

✪ 메뉴와 가격을 보고 대화해 보자.

❶ A: 야키소바는 얼마예요?　　　　　　　　A：焼きそばはいくらですか。

　 B: 야키소바는 550엔입니다.　　　　　　B：焼きそばはごひゃくごじゅう円です。

　 A: 빙수는 얼마예요?　　　　　　　　　　A：かき氷はいくらですか。

　 B: 빙수는 390엔입니다.　　　　　　　　B：かき氷はさんびゃくきゅうじゅう円です。

　 A: 야키소바와 빙수 주세요.　　　　　　　A：焼きそばとかき氷ください。

　 B: 네, (계산은) 940엔입니다.　　　　　　B：はい、(お会計)きゅうひゃくよんじゅう円です。

❷ A: 사과 탕후루는 얼마예요?　　　　　　　A：りんごあめはいくらですか。

　 B: 사과 탕후루는 240엔입니다.　　　　　B：りんごあめはにひゃくよんじゅう円です。

　 A: 솜사탕은 얼마예요?　　　　　　　　　A：わたあめはいくらですか。

　 B: 솜사탕은 480엔입니다.　　　　　　　B：わたあめはよんひゃくはちじゅう円です。

　 A: 사과 탕후루와 솜사탕 주세요.　　　　　A：りんごあめとわたあめください。

　 B: 네, (계산은) 720엔입니다.　　　　　　B：はい、(お会計)ななひゃくにじゅう円です。

8과 **カタカナ** 가타카나

105쪽 ✪ 가타카나 ア행 → カ행 → サ행 순서에 맞춰 점을 이어 보세요.

ア→イ→ウ→エ→オ
→カ→キ→ク→ケ→コ
→サ→シ→ス→セ→ソ

✪ 단어를 읽고 의미를 맞혀 보세요.

❶ アジア [아지아]→ 아시아 ❷ コース [코-스]→ 코스
❸ サイズ [사이즈]→ 사이즈 ❹ ソース [소-스]→ 소스

106쪽 ✪ 가타카나를 비교하며 써 보세요.

[た] タ   [く] ク
[し] シ   [つ] ツ
[ふ] フ   [す] ス
[い] イ   [と] ト

✪ 단어를 읽고 의미를 맞혀 보세요.

❶ タクシー [타쿠시-]→ 택시 ❷ テスト [테스토]→ 테스트
❸ ケータイ [케-타이]→ 휴대 전화 ❹ ピアノ [피아노]→ 피아노
❺ スポーツ [스포-츠]→ 스포츠

107쪽 ✪ 문장 속 가타카나 순서에 맞춰 점을 이어 보세요.

ア→ニ→メ
→ケ→ー→タ→イ
→マ→ナ→ー→モ→ー→ド

✪ 단어를 읽고 의미를 맞혀 보세요.

❶ ゲーム [게-무]→ 게임 ❷ メニュー [메뉴-]→ 메뉴 ❸ ニュース [뉴-스]→ 뉴스
❹ シャツ [샤츠]→ 셔츠 ❺ ジュース [쥬-스]→ 주스

✪ 가타카나를 비교하며 써 보세요.

[る] <u>ル</u>　　　　　　[れ] <u>レ</u>　　　　　　[ひ] <u>ヒ</u>

[ん] <u>ン</u>　　　　　　[そ] <u>ソ</u>

[わ] <u>ワ</u>　　　　　　[く] <u>ク</u>　　　　　　[う] <u>ウ</u>

✪ 단어를 읽고 의미를 맞혀 보세요.

❶ テレビ [테레비]→ 텔레비전　　　　❷ クリック [쿠릭꾸]→ 클릭

❸ ウイルス [우이루스]→ 바이러스　　❹ レストラン [레스토랑]→ 레스토랑

❺ シャワー [샤와-]→ 샤워

✪ 음성을 듣고, 올바른 가타카나를 골라 보세요.

1 골프　　❶ コルプ [코르푸]　　❷ コルフ [코르후]　　❸ ゴルプ [고르푸]　　④ゴルフ [고르후]

2 아프리카　❶ アプリカ [아푸리카]　②アフリカ [아후리카]　❸ エプリカ [에푸리카]　❹ エフリカ [에후리카]

3 커피　　①コーヒー [코-히-]　　❷ コーピー [코-피-]　　❸ コービー [코-비-]　　❹ コピ [코피]

4 다이어트　❶ ダイオト [다이오또]　❷ ダイアト [다이아또]　❸ ダイエト [다이에또]　④ダイエット [다이엣또]

5 디저트　❶ ディザト [디자또]　❷ ディザート [디자-또]　❸ デザト [데자또]　④デザート [데자-또]

6 퀴즈　　①クイズ [쿠이즈]　　❷ クイーズ [쿠이-즈]　　❸ キズ [키즈]　　❹ キーズ [키-즈]

7 스마트폰　❶ スマトポン [스마토퐁]　❷ スマートポン [스마-토퐁]　❸ スマトフォン [스마토홍]　④スマートフォン [스마-토홍]

8 햄버거　①ハンバーガー [함바-가-]　❷ ハンバーグ [함바-그]　❸ ヘンボーゴ [헴보-고]　❹ ヘンバーガー [헴바-가-]

9과 に　かい
2階にトイレがあります。 2층에 화장실이 있습니다.

카루가루 연습 2

1　A: 저기요. 서점은 몇 층에 있습니까?　　A：すみません。<u>ほん や</u>　<u>なんがい</u>
　　　　　　　　　　　　　　　　　　　　　　本屋は何階にありますか。
　　B: 4층입니다. 화장실의 옆에 있습니다.　B：<u>よんかい</u>
　　　　　　　　　　　　　　　　　　　　　　４階です。トイレのとなりにありますよ。

2　A: 저기요. 빵집은 몇 층에 있습니까?　　A：すみません。<u>や</u>　<u>なんがい</u>
　　　　　　　　　　　　　　　　　　　　　　パン屋は何階にありますか。
　　B: 3층입니다. 레스토랑의 옆에 있습니다.　B：<u>さんがい</u>
　　　　　　　　　　　　　　　　　　　　　　３階です。レストランのとなりにありますよ。
　　B: 3층입니다. 카페의 옆에 있습니다.　　B：<u>さんがい</u>
　　　　　　　　　　　　　　　　　　　　　　３階です。カフェのとなりにありますよ。

3 A: 저기요. 레스토랑은 몇 층에 있습니까?

　A：すみません。レストランは何階にありますか。

　B: 3층입니다. 빵집의 옆에 있습니다.

　B：３階です。パン屋のとなりにありますよ。

4 A: 저기요. 화장실은 몇 층에 있습니까?

　A：すみません。トイレは何階にありますか。

　B: 1층입니다. 역의 옆에 있습니다.

　B：１階です。駅のとなりにありますよ。

　B: 1층입니다.

　　물품 보관함의 옆에 있습니다.

　B：１階です。

　　コインロッカーのとなりにありますよ。

　B: 4층입니다. 서점의 옆에 있습니다.

　B：４階です。本屋のとなりにありますよ。

　B: 4층입니다.

　　물품 보관함의 옆에 있습니다.

　B：４階です。

　　コインロッカーのとなりにありますよ。

　B: 1층과 4층입니다.

　　물품 보관함의 옆에 있습니다.

　B：１階と４階です。

　　コインロッカーのとなりにありますよ。

5 A: 저기요.

　　물품 보관함은 몇 층에 있습니까?

　A：すみません。

　　コインロッカーは何階にありますか。

　B: 1층입니다. 화장실의 옆에 있습니다.

　B：１階です。トイレのとなりにありますよ。

　B: 4층입니다. 화장실의 옆에 있습니다.

　B：４階です。トイレのとなりにありますよ。

　B: 1층과 4층입니다.

　　화장실의 옆에 있습니다.

　B：１階と４階です。

　　トイレのとなりにありますよ。

118쪽 　**술술 연습**

1 A: 실례합니다. 이 근처에 편의점이 있습니까?

　A：すみません。この近くにコンビニがありますか。

　B: 편의점이요? 아, 백화점의 옆에 있습니다.

　B：コンビニですか。あ、デパートのとなりにありますよ。

　B: 편의점이요? 아, 백화점의 오른쪽에 있습니다.

　B：コンビニですか。あ、デパートの右にありますよ。

　B: 편의점이요? 아, 안경원의 아래에 있습니다.

　B：コンビニですか。あ、めがね屋の下にありますよ。

　A: 그렇습니까? 감사합니다.

　A：そうですか。ありがとうございます。

2 A: 실례합니다. 이 근처에 ATM이 있습니까?

　A：すみません。この近くにＡＴＭがありますか。

B: ATM이요? 아, 은행의 안에 있습니다.

B：ＡＴＭですか。あ、銀行の中にありますよ。

B: ATM이요? 아, 은행의 1층에 있습니다.

B：ＡＴＭですか。あ、銀行の１階にありますよ。

B: ATM이요? 아, 꽃집의 옆에 있습니다.

B：ＡＴＭですか。あ、花屋のとなりにありますよ。

B: ATM이요? 아, 꽃집의 왼쪽에 있습니다.

B：ＡＴＭですか。あ、花屋のと左にありますよ。

A: 그렇습니까? 감사합니다.

A：そうですか。ありがとうございます。

3　A: 실례합니다. 이 근처에 미키 씨가 있습니까?

　A：すみません。この近くに三木さんがいますか。

B: 미키 씨요? 아, 호텔의 앞에 있습니다.

B：三木さんですか。あ、ホテルの前にいますよ。

B: 미키 씨요? 아, 개의 옆에 있습니다.

B：三木さんですか。あ、いぬのそばにいますよ。

B: 미키 씨요? 아, 개의 왼쪽에 있습니다.

B：三木さんですか。あ、いぬの左にいますよ。

A: 그렇습니까? 감사합니다.

A：そうですか。ありがとうございます。

4　A: 실례합니다. 이 근처에 호텔이 있습니까?

　A：すみません。この近くにホテルがありますか。

B: 호텔이요? 아, 역의 근처에 있습니다.

B：ホテルですか。あ、駅の近くにありますよ。

B: 호텔이요? 아, 역의 왼쪽에 있습니다.

B：ホテルですか。あ、駅の左にありますよ。

A: 그렇습니까? 감사합니다.

A：そうですか。ありがとうございます。

5　A: 실례합니다. 이 근처에 꽃집이 있습니까?

　A：すみません。この近くに花屋がありますか。

B: 꽃집이요? 아, 학교의 왼쪽에 있습니다.

B：花屋ですか。あ、学校の左にありますよ。

B: 꽃집이요? 아, 은행과 학교의 사이에 있습니다.

B：花屋ですか。あ、銀行と学校の間にありますよ。

A: 그렇습니까? 감사합니다.

A：そうですか。ありがとうございます。

6 A: 실례합니다. 이 근처에 개가 있습니까?

    A：すみません。この近くにいぬがいますか。

    B: 개요? 아, 호텔의 앞에 있습니다.

    B：いぬですか。あ、ホテルの前にいますよ。

    B: 개요? 아, 미키 씨의 옆에 있습니다.

    B：いぬですか。あ、三木さんのそばにいますよ。

    B: 개요? 아, 미키 씨의 오른쪽에 있습니다.

    B：いぬですか。あ、三木さんの右にいますよ。

    A: 그렇습니까? 감사합니다.

    A：そうですか。ありがとうございます。

125쪽 **카루가루 숫자**

✪ 금액을 읽어 보자.

1,980円	せん きゅうひゃく はちじゅう えん
2,980円	にせん きゅうひゃく はちじゅう えん
3,980円	さんぜん きゅうひゃく はちじゅう えん
6,750円	ろくせん ななひゃく ごじゅう えん
税込(세금 포함) 7,425円	税込 ななせん よんひゃく にじゅう ご えん

10과 **4人家族です。** 네 (명) 가족입니다.

129쪽 **카루가루 연습 2**

1 기무라: 나카야마 씨의 형님은 어디에 있습니까?

    木村：中山さんのお兄さんはどこにいますか。

나카야마: 형은 아빠의 뒤에 있습니다.

中山：兄は父の後ろにいます。

나카야마: 형은 나의 왼쪽에 있습니다.

中山：兄は私の左にいます。

2 기무라: 나카야마 씨의 누님은 어디에 있습니까?

木村：中山さんのお姉さんはどこにいますか。

나카야마: 누나는 엄마의 뒤에 있습니다.

中山：姉は母の後ろにいます。

나카야마: 누나는 나의 오른쪽에 있습니다.

中山：姉は私の右にいます。

3 기무라: 나카야마 씨의 작은 고양이는 어디에 있습니까?

木村：中山さんの小さいねこはどこにいますか。

나카야마: 작은 고양이는 아빠와 엄마의 사이에 있습니다.

中山：小さいねこは父と母の間にいます。

나카야마: 작은 고양이는 나의 앞에 있습니다.

中山：小さいねこは私の前にいます。

4 기무라: 나카야마 씨의 어머니는 어디에 있습니까?

木村：中山さんのお母さんはどこにいますか。

나카야마: 엄마는 큰 고양이의 뒤에 있습니다.

中山：母は大きいねこの後ろにいます。

나카야마: 엄마는 작은 고양이의 오른쪽에 있습니다.

中山：母は小さいねこの右にいます。

나카야마: 엄마는 누나의 앞에 있습니다.

中山：母は姉の前にいます。

130쪽　**술술 연습**

1 A: 몇 명 가족입니까?

B: 3명 가족입니다.

A: 형제는 있습니까?

B: 아니요, 없습니다.

A: 반려동물은 있습니까?

A：何人家族ですか。

B：3人家族です。

A：兄弟はいますか。

B：いいえ、いません。

A：ペットはいますか。

B: 아니요, 없습니다.　　　　　　　　　　　　　B：いいえ、いません。

2　A: 몇 명 가족입니까?　　　　　　　　　　　　A：何人家族ですか。

　　B: 7명 가족입니다.　　　　　　　　　　　　B：7人家族です。

　　A: 형제는 있습니까?　　　　　　　　　　　　A：兄弟はいますか。

　　B: 네, 있습니다. 남동생이 두 명 있습니다.　　B：はい、います。 弟 が2人います。

　　A: 반려동물은 있습니까?　　　　　　　　　　A：ペットはいますか。

　　B: 아니요, 없습니다.　　　　　　　　　　　　B：いいえ、いません。

3　A: 몇 명 가족입니까?　　　　　　　　　　　　A：何人家族ですか。

　　B: 5명 가족입니다.　　　　　　　　　　　　B：5人家族です。

　　A: 형제는 있습니까?　　　　　　　　　　　　A：兄弟はいますか。

　　B: 네, 있습니다. 형이 한 명 있습니다.　　　　B：はい、います。兄が1人います。

　　A: 반려동물은 있습니까?　　　　　　　　　　A：ペットはいますか。

　　B: 네, 있습니다. 개가 두 마리 있습니다.　　　B：はい、います。いぬが2匹います。

4　A: 몇 명 가족입니까?　　　　　　　　　　　　A：何人家族ですか。

　　B: 3명 가족입니다.　　　　　　　　　　　　B：3人家族です。

　　A: 형제는 있습니까?　　　　　　　　　　　　A：兄弟はいますか。

　　B: 아니요, 없습니다.　　　　　　　　　　　　B：いいえ、いません。

　　A: 반려동물은 있습니까?　　　　　　　　　　A：ペットはいますか。

　　B: 네, 있습니다.　　　　　　　　　　　　　　B：はい、います。

　　개가 한 마리와 고양이가 한 마리 있습니다.　　いぬが1匹とねこが1匹います。

135쪽　**카루가루 숫자**

☆ 연수를 읽어 보자.

1년 いちねん	2001년생 にせんいちねんうまれ	1학년 いちねんせい
2년 にねん	2002년생 にせんにねんうまれ	2학년 にねんせい
3년 さんねん	2003년생 にせんさんねんうまれ	3학년 さんねんせい
4년 よねん	2004년생 にせんよねんうまれ	4학년 よねんせい
…	…	

11과 旅行はどうでしたか。 여행은 어땠습니까?
りょこう

141쪽　**카루가루 연습 2**

1　A: 우동은 맛있었습니까?　　　　　　A：うどんはおいしかったですか。

　　B: 네, 맛있었습니다.　　　　　　　　B：はい、おいしかったです。

　　B: 아니요, 맛있지 않았습니다.　　　　B：いいえ、おいしくなかったです。

　　　　　　　　　　　　　　　　　　　　いいえ、おいしくありませんでした。

2　A: 온천은 좋았습니까?　　　　　　　A：温泉はよかったですか。
　　　　　　　　　　　　　　　　　　　　おんせん

　　B: 네, 좋았습니다.　　　　　　　　　B：はい、よかったです。

　　B: 아니요, 좋지 않았습니다.　　　　　B：いいえ、よくなかったです。

　　　　　　　　　　　　　　　　　　　　いいえ、よくありませんでした。

3　A: 절은 예뻤습니까?　　　　　　　　A：お寺はきれいでしたか。
　　　　　　　　　　　　　　　　　　　　　てら

　　B: 네, 예뻤습니다.　　　　　　　　　B：はい、きれいでした。

　　B: 아니요, 예쁘지 않았습니다.　　　　B：いいえ、きれいじゃなかったです。

　　　　　　　　　　　　　　　　　　　　いいえ、きれいじゃありませんでした。

4　A: 여관은 멋졌습니까?　　　　　　　A：旅館はすてきでしたか。
　　　　　　　　　　　　　　　　　　　　りょかん

　　B: 네, 멋졌습니다.　　　　　　　　　B：はい、すてきでした。

　　B: 아니요, 멋지지 않았습니다.　　　　B：いいえ、すてきじゃなかったです。

　　　　　　　　　　　　　　　　　　　　いいえ、すてきじゃありませんでした。

5　A: 일본은 좋은 날씨였습니까?　　　　A：日本はいい天気でしたか。
　　　　　　　　　　　　　　　　　　　　にほん　　　　てんき

　　B: 네, 좋은 날씨였습니다.　　　　　　B：はい、いい天気でした。
　　　　　　　　　　　　　　　　　　　　　　　　　てんき

　　B: 아니요, 좋은 날씨가 아니었습니다.　B：いいえ、いい天気じゃなかったです。
　　　　　　　　　　　　　　　　　　　　　　　　　てんき

　　　　　　　　　　　　　　　　　　　　いいえ、いい天気じゃありませんでした。
　　　　　　　　　　　　　　　　　　　　　　　　てんき

142쪽　**술술 연습**

1　A: 그저께는 일요일이었습니까?　　　A：おとといは日曜日でしたか。
　　　　　　　　　　　　　　　　　　　　　　　　にちようび

　　B: 아니요, 일요일이 아니었습니다.　　B：いいえ、日曜日じゃなかったです。
　　　　　　　　　　　　　　　　　　　　　　　　にちようび

　　　　　　　　　　　　　　　　　　　　いいえ、日曜日じゃありませんでした。
　　　　　　　　　　　　　　　　　　　　　　　　にちようび

　　　　월요일이었습니다.　　　　　　　月曜日でした。
　　　　　　　　　　　　　　　　　　　　げつようび

2　A: 어제는 눈이었습니까?　　　　　　A：昨日は雪でしたか。
　　　　　　　　　　　　　　　　　　　　きのう　ゆき

B: 아니요, 눈이 아니었습니다.   B：いいえ、雪じゃなかったです。

                                     いいえ、雪じゃありませんでした。

      비였습니다.   雨でした。

3   A: 어제는 날씨가 좋았습니까?   A：昨日は天気がよかったですか。

     B: 아니요, 날씨가 좋지 않았습니다.   B：いいえ、天気がよくなかったです。

                                     いいえ、天気がよくありませんでした。

      추웠습니다.   寒かったです。

4   A: 그저께는 더웠습니까?   A：おとといは暑かったですか。

     B: 아니요, 덥지 않았습니다.   B：いいえ、暑くなかったです。

                                     いいえ、暑くありませんでした。

      좋은 날씨였습니다.   いい天気でした。

5   A: 어제의 시험은 간단했습니까?   A：昨日のテストは簡単でしたか。

     B: 아니요, 간단하지 않았습니다.   B：いいえ、簡単じゃなかったです。

                                     いいえ、簡単じゃありませんでした。

      어려웠습니다.   むずかしかったです。

6   A: 그저께의 여행은 힘들었습니까?   A：おとといの旅行は大変でしたか。

     B: 아니요, 힘들지 않았습니다.   B：いいえ、大変じゃなかったです。

                                     いいえ、大変じゃありませんでした。

      즐거웠습니다.   楽しかったです。

147쪽   **카루가루 숫자**

✪ 금액을 읽어 보자.

❶   2,000엔   にせん円

❷   20,000엔   にまん円

❸   200,000엔   にじゅうまん円

❹   2,000,000엔   にひゃくまん円

❺   20,000,000엔   にせんまん円

❻   200,000,000엔   におく円

152쪽　**카루가루 연습 1**

1	옵니다	来ます	오지 않습니다	来ません
2	잡니다	寝ます	자지 않습니다	寝ません
	먹습니다	食べます	먹지 않습니다	食べません
3	갑니다	行きます	가지 않습니다	行きません
	이야기합니다	話します	이야기하지 않습니다	話しません
	기다립니다	待ちます	기다리지 않습니다	待ちません
	죽습니다	死にます	죽지 않습니다	死にません
	놉니다	遊びます	놀지 않습니다	遊びません
	마십니다	飲みます	마시지 않습니다	飲みません
	탑니다	乗ります	타지 않습니다	乗りません
4	들어갑니다	入ります	들어가지 않습니다	入りません
	달립니다	走ります	달리지 않습니다	走りません

5　학교(에) 옵니다.　　学校(に)来ます。

6　9시(에) 일어납니다.　　9時(に)起きます。

　나(의) 방(에서) 잡니다.　　私(の)へや(で)寝ます。

　밥(을) 먹습니다.　　ごはん(を)食べます。

7　컴퓨터(를) 삽니다.　　パソコン(を)買います。

　버스(로) 부산(에) 갑니다.　　バス(で)プサン(に)行きます。

　물(을) 마십니다.　　お水(を)飲みます。

　지하철(을) 탑니다.　　地下鉄(に)乗ります。

　5시(에) 집(에) 돌아갑니다.　　5時(に)家(へ)帰ります。

　친구(와) 가게(에) 들어갑니다.　　友だち(と)店(に)入ります。

　4시(에) 달립니다.　　4時(に)走ります。

155쪽　**카루가루 연습 2**

1　A: 몇 시에 아침밥을 먹습니까?　　A：何時に朝ご飯を食べますか。

　B: 7시 30분에 아침밥을 먹습니다.　　B：7時30分に朝ご飯を食べます。

2　A: 몇 시에 지하철을 탑니까?

　　B: 8시 15분에 지하철을 탑니다.

3　A: 몇 시에 공부를 합니까?

　　B: 9시에서 12시까지 공부를 합니다.

4　A: 몇 시에 집에 돌아갑니까?

　　B: 6시 50분에 집에 돌아갑니다.

5　A: 몇 시에 잡니까?

　　B: 11시에 잡니다.

A：何時に地下鉄に乗りますか。

B：８時１５分に地下鉄に乗ります。

A：何時に勉強をしますか。

B：９時から１２時まで勉強をします。

A：何時に家へ帰りますか。

B：６時５０分に家へ帰ります。

A：何時に寝ますか。

B：１１時に寝ます。

156쪽　**술술 연습**

1　A: 자주 일본 요리를 먹습니까?

　　B: 네, 먹습니다.

　　B: 아니요, 먹지 않습니다.

　　A: 어떤 요리를 먹습니까?

　　B: 돈가스를 먹습니다.

2　A: 자주 인터넷에서 삽니까?

　　B: 네, 삽니다.

　　B: 아니요, 사지 않습니다.

　　A: 무엇을 삽니까?

　　B: 책을 삽니다.

3　A: 자주 물을 마십니까?

　　B: 네, 마십니다.

　　B: 아니요, 마시지 않습니다.

　　A: 몇 리터를 마십니까?

　　B: 1리터를 마십니다.

4　A: 자주 밤늦게 잡니까?

　　B: 네, 잡니다.

　　B: 아니요, 자지 않습니다.

　　A: 몇 시에 잡니까?

　　B: 12시에 잡니다.

A：よく日本料理を食べますか。

B：はい、食べます。

B：いいえ、食べません。

A：どんな料理を食べますか。

B：とんかつを食べます。

A：よくインターネットで買いますか。

B：はい、買います。

B：いいえ、買いません。

A：何を買いますか。

B：本を買います。

A：よくお水を飲みますか。

B：はい、飲みます。

B：いいえ、飲みません。

A：何リットルを飲みますか。

B：１リットルを飲みます。

A：よく夜遅く寝ますか。

B：はい、寝ます。

B：いいえ、寝ません。

A：何時に寝ますか。

B：１２時に寝ます。

친구와 술술

B: [매일/자주/가끔] (커피를) 마셔요.

[그다지/전혀] (커피를) 안 마셔요.

B: [매일/자주/가끔] (디저트를) 먹어요.

[그다지/전혀] (디저트를) 안 먹어요.

B: [매일/자주/가끔] (일본에) 가요.

[그다지/전혀] (일본에) 안 가요.

B: [매일/자주/가끔] (공부를) 해요.

[그다지/전혀] (공부를) 안 해요.

B: [매일/자주/가끔] (청소를) 해요.

[그다지/전혀] (청소를) 안 해요.

B：[毎日/よく/たまに](コーヒーを)飲みます。

[あまり/ぜんぜん](コーヒーを)飲みません。

B：[毎日/よく/たまに](デザートを)食べます。

[あまり/ぜんぜん](デザートを)食べません。

B：[毎日/よく/たまに](日本に)行きます。

[あまり/ぜんぜん](日本に)行きません。

B：[毎日/よく/たまに](勉強を)します。

[あまり/ぜんぜん](勉強を)しません。

B：[毎日/よく/たまに](そうじを)します。

[あまり/ぜんぜん](そうじを)しません。

카루가루 숫자

✪ 질문을 읽고 알맞은 달을 대답해 보자.

A: 한국의 입학식은 몇 월이에요?

B: 3월입니다.

A: 일본의 입학식은 몇 월이에요?

B: 4월입니다.

A: 한국의 졸업식은 몇 월이에요?

B: 2월입니다.

A: 일본의 졸업식은 몇 월이에요?

B: 3월입니다.

A：韓国の入学式は何月ですか。

B：3月です。

A：日本の入学式は何月ですか。

B：4月です。

A：韓国の卒業式は何月ですか。

B：2月です。

A：日本の卒業式は何月ですか。

B：3月です。

Ⓑ과 **この映画を見ましたか。** 이 영화를 봤습니까?

카루가루 연습 1

1 왔습니다   来ました   오지 않았습니다   来ませんでした

2 봤습니다   見ました   보지 않았습니다   見ませんでした

   외웠습니다   覚えました   외우지 않았습니다   覚えませんでした

3 노래했습니다　歌<ruby>い<rt>うた</rt></ruby>ました　　　노래하지 않았습니다　歌<ruby>い<rt>うた</rt></ruby>ませんでした

　　웃었습니다　笑<ruby>い<rt>わら</rt></ruby>ました　　　　웃지 않았습니다　笑<ruby>い<rt>わら</rt></ruby>ませんでした

　　들었습니다　聞<ruby>き<rt>き</rt></ruby>ました　　　　듣지 않았습니다　聞<ruby>き<rt>き</rt></ruby>ませんでした

　　읽었습니다　読<ruby>み<rt>よ</rt></ruby>ました　　　　읽지 않았습니다　読<ruby>み<rt>よ</rt></ruby>ませんでした

　　놀았습니다　遊<ruby>び<rt>あそ</rt></ruby>ました　　　놀지 않았습니다　遊<ruby>び<rt>あそ</rt></ruby>ませんでした

　　이야기했습니다　話<ruby>し<rt>はな</rt></ruby>ました　　이야기하지 않았습니다　話<ruby>し<rt>はな</rt></ruby>ませんでした

4 돌아갔습니다　帰<ruby>り<rt>かえ</rt></ruby>ました　　　돌아가지 않았습니다　帰<ruby>り<rt>かえ</rt></ruby>ませんでした

　　들어갔습니다　入<ruby>り<rt>はい</rt></ruby>ました　　　들어가지 않았습니다　入<ruby>り<rt>はい</rt></ruby>ませんでした

166쪽　**카루가루 연습 2**

1 B: 애인을 만났습니다.　　　　　　B：恋人<ruby><rt>こいびと</rt></ruby>に会<ruby><rt>あ</rt></ruby>いました。

　　7시에 애인을 만났습니다.　　　　７時<ruby><rt>しちじ</rt></ruby>に恋人<ruby><rt>こいびと</rt></ruby>に会<ruby><rt>あ</rt></ruby>いました。

2 B: 영화를 봤습니다.　　　　　　　B：映画<ruby><rt>えいが</rt></ruby>を見<ruby><rt>み</rt></ruby>ました。

　　영화관에서 영화를 봤습니다.　　映画館<ruby><rt>えいがかん</rt></ruby>で映画<ruby><rt>えいが</rt></ruby>を見<ruby><rt>み</rt></ruby>ました。

3 B: 가방을 샀습니다.　　　　　　　B：かばんを買<ruby><rt>か</rt></ruby>いました。

　　백화점에서 가방을 샀습니다.　　デパートでかばんを買<ruby><rt>か</rt></ruby>いました。

4 B: 일본인과 이야기했습니다.　　　B：日本人<ruby><rt>にほんじん</rt></ruby>と話<ruby><rt>はな</rt></ruby>しました。

　　전화로 일본인과 이야기했습니다.　電話<ruby><rt>でんわ</rt></ruby>で日本人<ruby><rt>にほんじん</rt></ruby>と話<ruby><rt>はな</rt></ruby>しました。

5 B: 노래를 불렀습니다.　　　　　　B：歌<ruby><rt>うた</rt></ruby>を歌<ruby><rt>うた</rt></ruby>いました。

　　노래방에서 노래를 불렀습니다.　カラオケで歌<ruby><rt>うた</rt></ruby>を歌<ruby><rt>うた</rt></ruby>いました。

167쪽　**카루가루 연습 2**

1 B: 친구와 놉니다.　　　　　　　　B：友<ruby><rt>とも</rt></ruby>だちと遊<ruby><rt>あそ</rt></ruby>びます。

　　B: 게임을 하면서, 친구와 놉니다.　B：ゲームをしながら、友<ruby><rt>とも</rt></ruby>だちと遊<ruby><rt>あそ</rt></ruby>びます。

2 B: 뒹굴뒹굴합니다.　　　　　　　　B：ごろごろします。

　　B: 책을 읽으면서, 뒹굴뒹굴합니다.　B：本<ruby><rt>ほん</rt></ruby>を読<ruby><rt>よ</rt></ruby>みながら、ごろごろします。

3 B: 단어를 외웁니다.　　　　　　　B：単語<ruby><rt>たんご</rt></ruby>を覚<ruby><rt>おぼ</rt></ruby>えます。

　　B: 커피를 마시면서, 단어를 외웁니다.　B：コーヒーを飲<ruby><rt>の</rt></ruby>みながら、単語<ruby><rt>たんご</rt></ruby>を覚<ruby><rt>おぼ</rt></ruby>えます。

4 B: 달립니다.　　　　　　　　　　B：走<ruby><rt>はし</rt></ruby>ります。

　　B: 음악을 들으면서, 달립니다.　　B：音楽<ruby><rt>おんがく</rt></ruby>を聞<ruby><rt>き</rt></ruby>きながら、走<ruby><rt>はし</rt></ruby>ります。

1 B: 기무라 씨는 노트에 쓰면서, 공부를 했습니다.

　B：木村さんはノートに書きながら、勉強をしました。

2 B: 나카무라 씨는 음악을 들으면서, 공부를 했습니다.

　B：中村さんは音楽を聞きながら、勉強をしました。

3 B: 다나카 씨는 동영상을 보면서, 공부를 했습니다.

　B：田中さんは動画を見ながら、勉強をしました。

4 B: 나카야마 씨는 과자를 먹으면서, 공부를 했습니다.

　B：中山さんはお菓子を食べながら、勉強をしました。

5 B: 야마다 씨는 데이트를 하면서, 공부를 했습니다.

　B：山田さんはデートをしながら、勉強をしました。

❶ 책을 읽으면서, 커피를 마십니다. 　　　　　　　　　　카페

本を読みながら、コーヒーを飲みます。　●━━━━●　カフェ

❷ 개와 달리면서, 놉니다. 　　　　　　　　　　　　　공원

犬と走りながら、遊びます。　●━━━━●　公園

❸ 팝콘을 먹으면서, 영화를 봅니다. 　　　　　　　　　영화관

ポップコーンを食べながら、映画を見ます。　●━━━━●　映画館

❹ 드라마를 보면서, 운동을 합니다. 　　　　　　　　　헬스클럽

ドラマを見ながら、運動をします。　●━━━━●　ジム

✿ 질문을 읽고 알맞은 날짜를 대답해 보자.

A: 개의 날은 언제예요? 　　　　　　　A：犬の日はいつですか。

B: 11월 1일입니다. 　　　　　　　　　B：１１月１日です。

▶ 개 짖는 소리인 "ワンワンワン(멍멍멍)"과 영어 "ONE(완)"의 발음이 같다.

A: 고양이의 날은 언제예요? 　　　　　A：ねこの日はいつですか。

B: 2월 22일입니다. 　　　　　　　　　B：２月２２日です。

▶ 고양이 울음소리인 "ニャンニャンニャン(야옹야옹야옹)"이 숫자 "2(に)"의 발음을 연상하게 한다.

A: 부부의 날은 언제예요?

B: 11월 22일입니다.

A：夫婦の日はいつですか。

B：１１月２２日です。

▶ "좋은(いい)"이 숫자 "1(いち)", "부부(ふうふ)"가 숫자 "두 개(ふたつ)"의 발음을 연상하게 한다.

A: 삼겹살의 날은 언제예요?

B: 3월 3일입니다.

A：サンギョプサルの日はいつですか。

B：３月３日です。

14과 一緒に行きませんか。 함께 가지 않겠습니까?

177쪽 **카루가루 연습 1**

1	오고 싶다	来たい	오고 싶지 않다	来たくない
2	걸고 싶다	かけたい	걸고 싶지 않다	かけたくない
	일어나고 싶다	起きたい	일어나고 싶지 않다	起きたくない
3	가고 싶다	行きたい	가고 싶지 않다	行きたくない
	걷고 싶다	歩きたい	걷고 싶지 않다	歩きたくない
	이야기하고 싶다	話したい	이야기하고 싶지 않다	話したくない
	기다리고 싶다	待ちたい	기다리고 싶지 않다	待ちたくない
	마시고 싶다	飲みたい	마시고 싶지 않다	飲みたくない
	놀고 싶다	遊びたい	놀고 싶지 않다	遊びたくない
	만들고 싶다	作りたい	만들고 싶지 않다	作りたくない
	오르고 싶다	登りたい	오르고 싶지 않다	登りたくない

178쪽 **카루가루 연습 2**

1　B: 매일 전화를 걸고 싶습니다.　　B：毎日電話が(を)かけたいです。

　　B: 매일 전화를 걸고 싶지 않습니다.　　B：毎日電話が(を)かけたくないです。

2　B: 운동을 배우고 싶습니다.　　B：運動が(を)習いたいです。

　　B: 운동을 배우고 싶지 않습니다.　　B：運動が(を)習いたくないです。

3　B: 산에 오르고 싶습니다.　　B：山に登りたいです。

　　B: 산에 오르고 싶지 않습니다.　　B：山に登りたくないです。

4　B: 커플룩을 하고 싶습니다.　　B：ペアルックが(を)したいです。

B: 커플룩을 하고 싶지 않습니다.   B：ペアルックが（を）したくないです。

5   B: 애인의 가족을 만나고 싶습니다.   B：恋人の家族に会いたいです。

B: 애인의 가족을 만나고 싶지 않습니다.   B：恋人の家族に会いたくないです。

179쪽 **카루가루 연습 2**

1   A: 함께 일본 요리를 만들지 않겠습니까?   A：一緒に日本料理を作りませんか。

    B: 좋네요. 만듭시다.   B：いいですね。作りましょう。

    B: 미안합니다. 오늘은 좀….   B：すみません。今日はちょっと。

2   A: 함께 술을 마시지 않겠습니까?   A：一緒にお酒を飲みませんか。

    B: 좋네요. 마십시다.   B：いいですね。飲みましょう。

    B: 미안합니다. 오늘은 좀….   B：すみません。今日はちょっと。

3   A: 함께 공원을 걷지 않겠습니까?   A：一緒に公園を歩きませんか。

    B: 좋네요. 걸읍시다.   B：いいですね。歩きましょう。

    B: 미안합니다. 오늘은 좀….   B：すみません。今日はちょっと。

4   A: 함께 테니스를 배우지 않겠습니까?   A：一緒にテニスを習いませんか。

    B: 좋네요. 배웁시다.   B：いいですね。習いましょう。

    B: 미안합니다. 오늘은 좀….   B：すみません。今日はちょっと。

5   A: 함께 버스를 기다리지 않겠습니까?   A：一緒にバスを待ちませんか。

    B: 좋네요. 기다립시다.   B：いいですね。待ちましょう。

    B: 미안합니다. 오늘은 좀….   B：すみません。今日はちょっと。

180쪽 **술술 연습**

1   A: 함께 콘서트에 가지 않겠습니까?   A：一緒にコンサートに行きませんか。

    B: 좋네요. 언제 갈까요?   B：いいですね。いつ行きましょうか。

    A: 7월 2일은 어떻습니까?   A：7月2日はどうですか。

    B: 미안합니다. 정말 가고 싶지만,   B：すみません。本当に行きたいですが、

    생일 파티가 있습니다.   誕生日パーティーがあります。

2   A: 함께 콘서트에 가지 않겠습니까?   A：一緒にコンサートに行きませんか。

    B: 좋네요. 언제 갈까요?   B：いいですね。いつ行きましょうか。

    A: 7월 3일은 어떻습니까?   A：7月3日はどうですか。

    B: 미안합니다. 정말 가고 싶지만,   B：すみません。本当に行きたいですが、

가족 여행이 있습니다. 家族旅行があります。

3　A: 함께 콘서트에 가지 않겠습니까?　　　A：一緒にコンサートに行きませんか。

　　B: 좋네요. 언제 갈까요?　　　　　　　B：いいですね。いつ行きましょうか。

　　A: 7월 4일은 어떻습니까?　　　　　　A：7月4日はどうですか。

　　B: 미안합니다. 정말 가고 싶지만,　　　B：すみません。本当に行きたいですが、

　　　　일이 있습니다.　　　　　　　　　　仕事があります。

4　A: 함께 콘서트에 가지 않겠습니까?　　　A：一緒にコンサートに行きませんか。

　　B: 좋네요. 언제 갈까요?　　　　　　　B：いいですね。いつ行きましょうか。

　　A: 7월 5일은 어떻습니까?　　　　　　A：7月5日はどうですか。

　　B: 미안합니다. 정말 가고 싶지만,　　　B：すみません。本当に行きたいですが、

　　　　데이트가 있습니다.　　　　　　　　デートがあります。

181쪽　**친구와 술술**

a.　A: 밖에서 하고 싶어요?　　　　　　　　A：外でしたいですか。

　　B: 네, 밖에서 하고 싶어요.　　　　　　B：はい、外でしたいです。

　　B: 아니요, 밖에서 하고 싶지 않아요.　　B：いいえ、外でしたくないです。

b.　A: 컴퓨터를 사용하고 싶어요?　　　　　A：パソコンを使いたいですか。

　　B: 네, 컴퓨터를 사용하고 싶어요.　　　B：はい、パソコンを使いたいです。

　　B: 아니요, 컴퓨터를 사용하고 싶지 않아요.　B：いいえ、パソコンを使いたくないです。

c.　A: 혼자서 하고 싶어요?　　　　　　　　A：一人でしたいですか。

　　B: 네, 혼자서 하고 싶어요.　　　　　　B：はい、一人でしたいです。

　　B: 아니요, 혼자서 하고 싶지 않아요.　　B：いいえ、一人でしたくないです。

d.　A: 먹으면서 하고 싶어요?　　　　　　　A：食べながらしたいですか。

　　B: 네, 먹으면서 하고 싶어요.　　　　　B：はい、食べながらしたいです。

　　B: 아니요, 먹으면서 하고 싶지 않아요.　　B：いいえ、食べながらしたくないです。

e.　A: 동물과 함께 하고 싶어요?　　　　　　A：動物と一緒にしたいですか。

　　B: 네, 동물과 함께 하고 싶어요.　　　　B：はい、動物と一緒にしたいです。

　　B: 아니요, 동물과 함께 하고 싶지 않아요.　B：いいえ、動物と一緒にしたくないです。

카루가루 숫자

★ 개월 수 읽기를 연습해 보자.

2개월 일본어 공부를 했어요.　　　２ヶ月日本語の勉強をしました。

10개월 일본어 공부를 했어요.　　　１０ヶ月日本語の勉強をしました。

4월부터 4개월 일본어 공부를 했어요.　　　４月から４ヶ月日本語の勉強をしました。

7월까지 7개월 일본어 공부를 했어요.　　　７月まで７ヶ月日本語の勉強をしました。

한국에서 1개월, 일본에서 3개월 일본어 공부를 했어요.

韓国で１ヶ月、日本で３ヶ月日本語の勉強をしました。

혼자서 5개월, 학교에서 9개월 일본어 공부를 했어요.

１人で５ヶ月、学校で９ヶ月日本語の勉強をしました。

15과　ラベンダーを見に行きます。　라벤더를 보러 갑니다.

카루가루 연습 1

1	쇼핑하러 가다	買い物に行く	쇼핑하러 갑니다	買い物に行きます
	운동하러 가다	運動に行く	운동하러 갑니다	運動に行きます
	낚시하러 가다	つりに行く	낚시하러 갑니다	つりに行きます
2	빌리러 가다	借りに行く	빌리러 갑니다	借りに行きます
	보러 가다	見に行く	보러 갑니다	見に行きます
3	치러 가다	弾きに行く	치러 갑니다	弾きに行きます
	이야기하러 가다	話しに行く	이야기하러 갑니다	話しに行きます
	마시러 가다	飲みに行く	마시러 갑니다	飲みに行きます
	즐기러 가다	楽しみに行く	즐기러 갑니다	楽しみに行きます
	놀러 가다	遊びに行く	놀러 갑니다	遊びに行きます
	타러 가다	乗りに行く	타러 갑니다	乗りに行きます

카루가루 연습 2

1　B: 공원에 갑니다.　　　B：公園へ行きます。

　　B: 자전거를 타러 갑니다.　　　B：自転車に乗りに行きます。

2　B: 영화관에 갑니다.　　　　　　B：映画館へ行きます。

　　B: 영화를 보러갑니다.　　　　　B：映画を見に行きます。

3　B: 카페에 갑니다.　　　　　　　B：カフェへ行きます。

　　B: 친구를 만나러 갑니다.　　　　B：友だちに会いに行きます。

4　B: 강에 갑니다.　　　　　　　　B：川へ行きます。

　　B: 낚시하러 갑니다.　　　　　　B：つりに行きます。

5　B: 슈퍼마켓에 갑니다.　　　　　　B：スーパーへ行きます。

　　B: 장보러 갑니다.　　　　　　　B：買い物に行きます。

191쪽　**카루가루 연습 2**

1　B: 테니스를 칠 수 없습니다.　　　B：テニス(をすること)ができません。

2　B: 개와 산책을 할 수 있습니다.　　B：犬と散歩(をすること)ができます。

3　B: 나무를 오를 수 없습니다.　　　B：木に登ることができません。

4　B: 아이스크림을 먹을 수 있습니다.　B：アイスクリームを食べることができます。

5　馬: 말을 탈 수 없습니다.　　　　　B：馬に乗ることができません。

6　B: 자전거를 탈 수 있습니다.　　　B：自転車に乗ることができます。

7　B: 기타를 칠 수 있습니다.　　　　B：ギターを弾くことができます。

192쪽　**술술 연습**

1　A: 홋카이도는 오르골을 만들 수 있습니다.　A：北海道はオルゴールを作ることができます。

　　B: 와~, 만들러 가고 싶군요.　　　B：へえ、作りに行きたいですね。

2　A: 홋카이도는 낚시를 할 수 있습니다.　A：北海道はつりをすることができます。

　　B: 와~, 낚시를 하러 가고 싶군요.　B：へえ、つりをしに行きたいですね。

3　A: 홋카이도는 눈꽃 축제를 즐길수있습니다.A：北海道は雪まつりを楽しむことができます。

　　B: 와~, 즐기러 가고 싶군요.　　　B：へえ、楽しみに行きたいですね。

4　A: 홋카이도는 귀여운 펭귄을 만날 수 있습니다.
　　A：北海道はかわいいペンギンに会うことができます。

　　B: 와~, 만나러 가고 싶군요.　　　B：へえ、会いに行きたいですね。

5　A: 홋카이도는 라벤더 꽃을 볼수 있습니다.　A：北海道はラベンダーの花を見ることができます。

　　B: 와~, 보러 가고 싶군요.　　　B：へえ、見に行きたいですね。

193쪽 친구와 술술

❶ A: 혼자서 무서운 영화를 볼 수 있나요?　　　Ａ：一人で怖い映画を見ることができますか。

　　B: 네, 볼 수 있어요.　　　Ｂ：はい、見ることができます。

　　B: 아니요, 못 봐요.　　　Ｂ：いいえ、見ることができません。

❷ A: 뜨거운 라면을 5분 만에 먹을 수 있나요?　　　Ａ：熱いラーメンを５分で食べることができますか。

　　B: 네, 먹을 수 있어요.　　　Ｂ：はい、食べることができます。

　　B: 아니요, 못 먹어요.　　　Ｂ：いいえ、食べることができません。

❸ A: 좋아하는 사람에게 고백할 수 있나요?　　　Ａ：好きな人に告白することができますか。

　　B: 네, 고백할 수 있어요.　　　Ｂ：はい、告白することができます。

　　B: 아니요, 고백 못 해요.　　　Ｂ：いいえ、告白することができません。

❹ A: 2시간 목욕탕에 들어갈 수 있나요?　　　Ａ：２時間お風呂に入ることができますか。

　　B: 네, 들어갈 수 있어요.　　　Ｂ：はい、入ることができます。

　　B: 아니요, 못 들어가요.　　　Ｂ：いいえ、入ることができません。

197쪽 카루가루 숫자

❂ 횟수 읽기를 연습해 보자.

하루에 한 번 커피를 마셨어요.　　　一日(に)１回コーヒーを飲みました。

일주일에 두 번 커피를 마셨어요.　　　週に２回コーヒーを飲みました。

한 달에 세 번 커피를 마셨어요.　　　月に３回コーヒーを飲みました。

일 년에 네 번 커피를 마셨어요.　　　年に４回コーヒーを飲みました。

평생 다섯 번 커피를 마셨어요.　　　一生５回コーヒーを飲みました。

16과 名前を書いてください。 이름을 써 주세요.

201쪽 카루가루 연습 1

1　오고/와서/와　　　来て

2　외우고/외워서/외워　　　覚えて

　　먹고/먹어서/먹어　　　食べて

3 쓰고/써서/써 　　　　　　書^かいて

　　수영하고/수영해서/수영해 　　泳^{およ}いで

　　이야기하고/이야기해서/이야기해 　話^{はな}して

　　기다리고/기다려서/기다려 　　待^まって

　　죽고/죽어서/죽어 　　　　　死^しんで

　　놀고/놀아서/놀아 　　　　　遊^{あそ}んで

　　마시고/마셔서/마셔 　　　　飲^のんで

　　타고/타서/타 　　　　　　　乗^のって

　　돌아가고/돌아가서/돌아가 　　帰^{かえ}って

　　가고/가서/가 　　　　　　　行^いって

203쪽 **카루가루 연습 2**

1 A: 의자에 <u>앉아</u> 주세요. 　　　Ａ：いすに<u>座</u>^{すわ}ってください。

　　B: 네, 알겠습니다. 　　　　　Ｂ：はい、わかりました。

2 A: 숙제를 <u>내</u> 주세요. 　　　Ａ：宿題^{しゅくだい}を<u>出</u>^だしてください。

　　B: 네, 알겠습니다. 　　　　　Ｂ：はい、わかりました。

3 A: 이름을 가타카나로 <u>써</u> 주세요. 　Ａ：名前^{なまえ}をカタカナで<u>書</u>^かいてください。

　　B: 네, 알겠습니다. 　　　　　Ｂ：はい、わかりました。

4 A: 선생님의 이야기를 <u>들어</u> 주세요. 　Ａ：先生^{せんせい}の話^{はなし}を<u>聞</u>^きいてください。

　　B: 네, 알겠습니다. 　　　　　Ｂ：はい、わかりました。

5 A: 단어를 <u>외워</u> 주세요. 　　　Ａ：単語^{たんご}を<u>覚</u>^{おぼ}えてください。

　　B: 네, 알겠습니다. 　　　　　Ｂ：はい、わかりました。

204쪽 **술술 연습**

1 A: <u>먹어</u> 주세요. 　　　　　Ａ：<u>食</u>^たべてください。

　　B: 네, 알겠습니다. 　　　　　Ｂ：はい、わかりました。

　　A: 일본에서는 밥그릇을 들고, <u>먹어</u> 주세요. 　Ａ：日本^{にほん}ではちゃわんを<u>持</u>^もって、<u>食</u>^たべてください。

　　B: 네, 알겠습니다. 　　　　　Ｂ：はい、わかりました。

2 A: <u>쉬어</u> 주세요. 　　　　　Ａ：<u>休</u>^{やす}んでください。

　　B: 네, 알겠습니다. 　　　　　Ｂ：はい、わかりました。

A: 집에 돌아가서, <u>쉬어</u> 주세요.

B: 네, 알겠습니다.

3 A: <u>잘 들어</u> 주세요.

B: 네, 알겠습니다.

A: 앉아서, <u>잘 들어</u> 주세요.

B: 네, 알겠습니다.

4 A: <u>이야기해</u> 주세요.

B: 네, 알겠습니다.

A: 일어서서, <u>이야기해</u> 주세요.

B: 네, 알겠습니다.

5 A: <u>회사에 가</u> 주세요.

B: 네, 알겠습니다.

A: 버스를 타고, <u>회사에 가</u> 주세요.

B: 네, 알겠습니다.

A：家へ帰って、<u>休んで</u>ください。

B：はい、わかりました。

A：よく<u>聞いて</u>ください。

B：はい、わかりました。

A：座って、よく<u>聞いて</u>ください。

B：はい、わかりました。

A：<u>話して</u>ください。

B：はい、わかりました。

A：立って、<u>話して</u>ください。

B：はい、わかりました。

A：<u>会社に行って</u>ください。

B：はい、わかりました。

A：バスに乗って、<u>会社に行って</u>ください。

B：はい、わかりました。

209쪽 **카루가루 숫자**

✪ 밑줄 친 부분을 채워 읽어 보자.

오른쪽에서 <u>두 번째</u> 방입니다.

세 <u>번째</u> 형은 상냥합니다.

네 <u>번째</u> 줄입니다.

<u>다섯 번째</u> 역에서 내립니다.

右から<u>2番目</u>のへやです。

<u>3番目</u>の兄は優しいです。

<u>4番目</u>の列です。

<u>5番目</u>の駅で降ります。

저자
김수진

쉽고 빠르게
かるがる
카루가루
일본어

1

가나 쓰기 노트

PAGODA Books

쉽고 빠르게

かるがる
카루가루
일본어

1

가나 쓰기 노트

저자
김수진

PAGODA Books

가나 쓰기 노트

✎ 히라가나 청음

あ
[a]

い
[i]

う
[u]

え
[e]

お
[o]

か
[ka]

き
[ki]

く
[ku]

け
[ke]

こ
[ko]

さ
[sa]

し
[si]

す
[su]

せ
[se]

そ
[so]

た
[ta]

ち
[chi]

つ
[tsu]

て
[te]

と
[to]

な
[na]

に
[ni]

ぬ
[nu]

ね
[ne]

の
[no]

は
[ha]

ひ
[hi]

ふ
[hu]

へ
[he]

ほ
[ho]

ま
[ma]

み
[mi]

む
[mu]

め
[me]

も
[mo]

や
[ya]

ゆ
[yu]

よ
[yo]

ら [ra]

り [ri]

る [ru]

れ [re]

ろ [ro]

わ
[wa]

を
[wo]

ん
[ŋ]

が
[ga]

ぎ
[gi]

ぐ
[gu]

げ
[ge]

ご
[go]

ざ [za]

じ [ji]

ず [zu]

ぜ [ze]

ぞ [zo]

だ
[da]

ぢ
[ji]

づ
[zu]

で
[de]

ど
[do]

ば
[ba]

び
[bi]

ぶ
[bu]

べ
[be]

ぼ
[bo]

ぱ
[pa]

ぴ
[pi]

ぷ
[pu]

ぺ
[pe]

ぽ
[po]

きゃ
[kya]

きゅ
[kyu]

きょ
[kyo]

しゃ
[sya]

しゅ
[syu]

しょ
[syo]

ちゃ [cha]				

ちゅ [chu]				

ちょ [cho]				

にゃ [nya]				

にゅ [nyu]				

にょ [nyo]				

ひゃ
[hya]

ひゅ
[hyu]

ひょ
[hyo]

みゃ
[mya]

みゅ
[myu]

みょ
[myo]

りゃ [rya]					

りゅ [ryu]					

りょ [ryo]					

ぎゃ [gya]					

ぎゅ [gyu]					

ぎょ [gyo]					

じゃ [ja]

じゅ [ju]

じょ [jo]

びゃ [bya]

びゅ [byu]

びょ [byo]

ぴゃ
[pya]

ぴゅ
[pyu]

ぴょ
[pyo]

ア
[a]

イ
[i]

ウ
[u]

エ
[e]

オ
[o]

カ
[ka]

キ
[ki]

ク
[ku]

ケ
[ke]

コ
[ko]

サ
[sa]

シ
[si]

ス
[su]

セ
[se]

ソ
[so]

タ
[ta]

チ
[chi]

ツ
[tsu]

テ
[te]

ト
[to]

ナ
①→②

[na]

ニ
①→
②→

[ni]

ヌ
①→
②

[nu]

ネ
① ② ④ ③

[ne]

ノ
①

[no]

ハ
[ha]

ヒ
[hi]

フ
[hu]

ヘ
[he]

ホ
[ho]

マ
[ma]

ミ
[mi]

ム
[mu]

メ
[me]

モ
[mo]

ヤ
[ya]

ユ
[yu]

ヨ
[yo]

ラ
[ra]

リ
[ri]

ル
[ru]

レ
[re]

ロ
[ro]

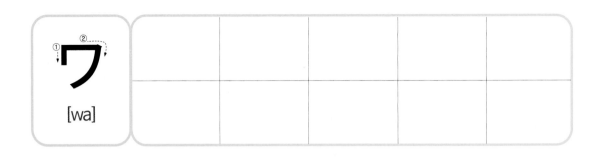

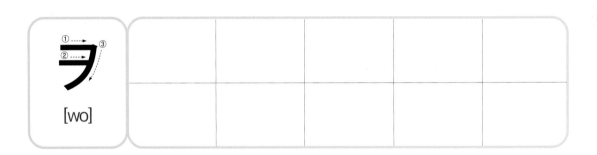

ン
[ŋ]

ガ
[ga]

ギ
[gi]

グ
[gu]

ゲ
[ge]

ゴ
[go]

ザ
[za]

ジ
[ji]

ズ
[zu]

ゼ
[ze]

ゾ
[zo]

ダ
[da]

ヂ
[ji]

ヅ
[zu]

デ
[de]

ド
[do]

バ [ba]

ビ [bi]

ブ [bu]

ベ [be]

ボ [bo]

✎ 가타카나 반탁음

パ
[pa]

ピ
[pi]

プ
[pu]

ペ
[pe]

ポ
[po]

キャ [kya]					

キュ [kyu]					

キョ [kyo]					

シャ [sya]					

シュ [syu]					

ショ [syo]					

チャ
[cha]

チュ
[chu]

チョ
[cho]

ニャ
[nya]

ニュ
[nyu]

ニョ
[nyo]

ヒャ [hya]					

ヒュ [hyu]					

ヒョ [hyo]					

ミャ [mya]					

ミュ [myu]					

ミョ [myo]					

リャ [rya]					
リュ [ryu]					
リョ [ryo]					
ギャ [gya]					
ギュ [gyu]					
ギョ [gyo]					

ジャ
[ja]

ジュ
[ju]

ジョ
[jo]

ビャ
[bya]

ビュ
[byu]

ビョ
[byo]

ピャ
[pya]

ピュ
[pyu]

ピョ
[pyo]

쉽고 빠르게

かるがる

카루가루
일본어

1

가나 쓰기 노트